保健室・相談室・適応指導教室での「教室に行けない子」の支援

ワークシートによる
教室復帰エクササイズ

編　集　河村茂雄
編集協力　品田笑子・苅間澤勇人・川原詳子
　　　　　曽山和彦・藤村一夫

図書文化

序文

　私が，折に触れ，養護教諭の職について考えるときに手にする1冊の本があります。
　その本の名は『養護室記録』で，昭和18年（1943年），東京・長崎書店より刊行されました。著者は青森県の学校看護婦であった葛西タカ先生（昭和3年に学校看護婦となり，昭和39年まで勤務）です。この本の一部を最初に紹介したいと思います。　※旧仮名遣い・旧字を一部修正
　「子供たちの悲しみを悲しんでやり，頭を撫でて慰めてやり，はげましてやって，真に生きる力を持たせてやるのが，私たちの隠れた仕事である」「笑いを知らぬ子にも，目をかけてやれば笑いを持っているのだ，それを培おうとしなければ」「養護室は，怪我した子供にヨードチンキをつけてやったり，トラホームの洗眼をしてやったりする，そんな病院のような治療医学の場所ではない。ここが青森県を明朗化し，教育の見えない基礎工事をするところとならなくてはならない。それには，まず私が立派な人格的に子供を導いていくことのできる教育者にならなければ……」
　保健室が養護室，養護教諭が学校保健婦と呼ばれていた当時から，身体や心に関わる相談活動は職務の1つとしてとらえられていました。これが，養護教諭の職の原点だと私は考えています。
　近年，子どもたちを取り巻く環境が激変し，いじめ，不登校，保健室登校，薬物乱用，性の逸脱行動，自殺，虐待，突然のキレ，学級崩壊，生活習慣病の兆候，身体的不調の繰り返しなど，さまざまな心身の健康に関する問題が発生し，深刻化しています。保健室を訪れる子どもたちもこれらの問題を背負っています。養護教諭は，このような子どもたちにみずからの専門性を生かし，教育活動としての健康相談活動を行っています。
　健康相談活動（ヘルスカウンセリング）の定義と目的は，保健体育審議会答申（平成9年9月）に次のように示されています。「養護教諭の職務の特質や保健室の機能を十分に生かし，児童生徒の様々な訴えに対して常に心的な要因を念頭において，心身の健康観察，問題の背景の分析，解決のための支援，関係者との連携など心と身体の両面への対応を行う活動である」。さらに平成10年の教育職員免許法の改正によって，養護教諭養成カリキュラムの専門科目に「健康相談活動」が新たに設けられました。これまでの養護教諭の相談活動や支援が，明確に位置づけられたのです。
　平成14年2月の第7回全国養護教諭連絡協議会では，創立10周年の記念講演として國分康孝先生（日本教育カウンセラー協会会長・東京成徳大学教授）に「養護教諭の職を考える—教育カウンセラーの立場から—」と題してお話しいただきました。その中で國分先生は，「教育職員としての養護教諭は，子どもと日々，直接にふれあう教育カウンセラーである。すべての子どもたちのために予防開発的な『育てるカウンセリング』を実践してほしい」と提唱されています。
　本書は養護教諭にとって「ヘルスカウンセリングの扉」となる本です。すぐに身につけられるアイデアもたくさん詰まっています。自分や子どもに合うように，組み合わせたり工夫したりしながら使っていくことで，養護教諭の知識と技術がよりいっそう高められていくことと思います。

中村　道子（全国養護教諭連絡協議会名誉顧問）

まえがき

　不登校の児童生徒が13万人を越えている。

　学校に行かなくても学べることはたくさんあるが，現代の日本では学校に行かないと学習しにくいことがある。それは，学校という集団生活を送る過程でいろいろな友人と交流する経験から学ぶ，人とかかわる能力である。

　対人関係能力は集団体験を通して育成されていく側面が大きい。よかれあしかれ，日本のほとんどの子どもたちは，この，社会に特定の考え方や行動様式を学校で身につけていくのである。もちろんこれらがすべてではないが，ある程度身につけることで，社会に出てからの生活には適応しやすくなるだろう。にもかかわらず，現代の日本では，学校以外に子どもたちの対人関係能力を育成する場はかなり少ないのではないだろうか。

　そこで，学級で生活することが困難になってしまった子どもたちに，このような内容を，その子どもに合ったレベルや環境で学ぶことを援助している場がある。その中でも，おもに教師たちが担当しているのが，保健室や相談室，適応指導教室，相談学級，病弱養護学校などである。専門のカウンセラーではないが，教師としての実績をもち，かつカウンセリングの研修を積んだ方々が，子どもたちの実態に合わせてていねいに実践を重ねている。

　このような場は，子どもたちが教室に戻るまでの単なる一時避難所ではない。成長を長い目でとらえ，子どもたちが目前の発達上の課題を乗り越えて次の段階へと進むことを援助する，重要な取り組みを行う教育の場なのである。

　ところが，一人一人の心の問題をつきっきりで対応できるような，物理的な環境や時間をもっている先生方は，ほとんどいないのではないだろうか。そこで本書は，先生方の持ち時間を有効に活用し，抵抗に配慮しながら子どもの心の問題に対応するためのツールを集めた。

　本書を完成するにあたっては，中村道子先生（全国養護教諭連絡協議会名誉顧問）をはじめ，保健室や相談室，適応指導教室，相談学級，養護学校でがんばっておられる多くの先生方に協力をお願いした。本書はそれらの先生方の実践のコツを伝授してもらったものである。また，私がお世話になった前任校である岩手大学の菅原正和先生(心理学科教授)，我妻則明先生(障害児教育学科教授)には，私の専門外の領域で多くのご助言をいただいた。さらに，日本カウンセリング学会会長であり東京成徳大学教授の國分康孝先生には，本書の構想段階から細やかなご指導をいただいた。本書が完成するまでに実に多くの方々のご援助があったことを，この場をお借りして深く感謝したい。

　本書が，それぞれの場所で試行錯誤を重ねている先生方の，そして，心の問題をかかえている子どもに対して，放課後などに個別対応している担任の先生方の参考になれば幸いである。

編者　河村　茂雄

ワークシートによる教室復帰エクササイズ
保健室・相談室・適応指導教室での「教室に行けない子」の支援

目　次

序　　文 2
まえがき 3
本書の使い方 7

第1章　教室へ行けない子どもたちへの支援

　1．なぜ教室へ行くことができないのか 10
　2．教室へ行けない子どもたちへの対応 12

　　Column 1　特別な援助ニーズがある子の基礎知識①　～ＡＤＨＤの基礎知識～ 16

第2章　子どもとリレーションをつくるエクササイズ　～第1段階～

　1．構えのない一体感を味わうエクササイズ

　　　あなたのこと教えて！ .... 18　　私のヒットチャート 28
　　　魔法の指 .... 20　　すごろくトーク 30
　　　何でもはって絵を作ろう .... 22　　2人のハートはピッタリンコ？ 32
　　　へん～しん ラインだー！ .... 26　　体験したことビンゴ 34

　　Column 2　カウンセリングの技法①　～リレーションを形成する技法【傾聴・受容・支持】～ 25

　2．自分の思いを自由に表現するエクササイズ

　　　お願い！ ドラえもん .... 38　　ここに来たわけなあに？ 42
　　　「先生！ちょっと聞いてよ」ベスト3 ... 40　　まほうのゴミ箱 44

　　Column 3　特別な援助ニーズがある子の基礎知識②　～ＬＤの基礎知識～ 46

第3章　心の問題を一緒に整理するエクササイズ　～第2段階～

　1．いろいろな面を知るためのエクササイズ

　　　心のお天気日記 .... 48　　ミラクルドリーム 56
　　　ハッピーウェーブ .... 50　　未来へのハッピーパスポート 58
　　　私の性格チェンジ .... 54　　めちゃ×2「したいこと」ランキング ... 62

　　Column 4　カウンセリングの技法②　～心の問題を整理する技法【繰り返し・明確化・質問】～ 53

2．内面に向き合うエクササイズ

私のハードルチェック……………………66　「気になる私」見方を変える…………76
「ハッピー度」グラフ……………………68　こんな子いるかな？………………………80
私の中の虫退治……………………………74

Column 5　対応のポイント①　～考え方や行動の仕方の癖を意識させる～……………73

Column 6　特別な援助ニーズがある子の基礎知識③　～知的障害のある子への対応～………84

第4章　練習をかねたエクササイズ　～第3段階～

1．先生と練習するエクササイズ

めざせコミュニケーションの達人………86　これで安心 問題解決の秘法……………98
調子は何点？………………………………90　心配なことチェック【遠足編】………100
私の困っていること………………………94

Column 7　対応のポイント②　～ソーシャルスキルトレーニング～………………………93

2．小グループで練習するエクササイズ

伝われ！私の「ありがとう」…………102　パワーアップ大作戦……………………110
みんなで探そう！ヘルプサイン………104　タイムスケジュール……………………112
怒りのコントロール……………………106　「もしも」のときのヘルプカード……114

Column 8　対応のポイント③　～行動を定着させる上手なほめ方～………………………109

不登校の子どもたちを援助する機関………………………………………………………118

第5章　教育現場の実際

1．保健室での対応の実際

①犬とのふれあいから始めた居場所づくり　　〈小学校〉……………………………120
②会話の苦手な子には絵カードで会話　　　　〈小学校〉……………………………122
③ストレスマネジメント教育を活用した保健室登校へのチーム支援　〈小学校〉……………………………124
④「できる」体験と受容体験の積み重ね　　　〈中学校〉……………………………126
⑤コラージュで自分さがし　　　　　　　　　〈中学校〉……………………………128
⑥ソーシャルスキルトレーニングで対人不安の軽減　〈高　校〉……………………………130
⑦花束づくりで味わう自己存在感　　　　　　〈高　校〉……………………………132

2．相談学級での対応の実際
相談学級で生かすエンカウンターのエッセンス 〈中学校〉・・・・・・・・・・・・134

3．適応指導教室での対応の実際
①「ありがとう配達便」で届ける自己肯定感 〈小学校〉・・・・・・・・・・・・136
②受け入れられた実感が友達とのかかわりを変える 〈中学校〉・・・・・・・・・・・・138
③教師に不信感をもつ子どもへの対応 〈中学校〉・・・・・・・・・・・・140

4．養護学校での対応の実際
友達からのストロークがつくる I am O.K. 〈病弱養護学校〉・・・・・・・・・・・・142

5．校内相談室での対応の実際
①担任と保護者を支えるコンサルテーション 〈小学校〉・・・・・・・・・・・・144
②不登校傾向の生徒への援助 〈中学校〉・・・・・・・・・・・・146
③退学を希望する生徒への対応 〈高　校〉・・・・・・・・・・・・148

私 の 実 践 紹 介

コラージュ再利用法／ジェンガでドカン・・・・・・・・・・・・24
アニメ・メッセージでガンバ！／湯たんぽで身体も心もぽかぽかに・・・・・・・・・・・・36
保健室での「Q-U」の活用／ツボ刺激で心身リラックス・・・・・・・・・・・・37
雑誌の思い出から始める自己開示／背中のテレパシー・・・・・・・・・・・・61
３つの動物／描画法を生かして・・・・・・・・・・・・65
粘土投げ／保健室の「落がきノート」の活用・・・・・・・・・・・・71
「なんでもノート」がむすぶ絆／ドリッピング・・・・・・・・・・・・72
エゴグラム／サイコロトーキング・・・・・・・・・・・・79
ブリーフセラピーの手法を面談に／アドバイス作戦・・・・・・・・・・・・82
子どもの決意を待つ／「１分間肩もみ」で楽しく話す・・・・・・・・・・・・83
論理療法で悩みを検討する／泣けるだけ泣く場所・・・・・・・・・・・・89
今日のあなたは何点？／小集団の人間関係を生かして・・・・・・・・・・・・92
きっかけはパソコンの入力練習／誕生会給食でサイコロトーキング・・・・・・・・・・・・97
教室へ戻ろうとする子の支援／学習に対する不安を受けとめる・・・・・・・・・・・・108
相談ポストと掲示板の思わぬ効果・・・・・・・・・・・・117

あとがき ・・・・・・・・・・・・151
執筆者紹介 ・・・・・・・・・・・・152
編者紹介 ・・・・・・・・・・・・154

# 本書の使い方

■この本を読んでいただきたい先生

本書は，不登校や別室登校の子どもたちと日々かかわっている先生方をおもな読者対象と考えています。その中でも，とくに具体的な対応策を提供したいと考えているのは次のような先生方です。

①心の問題をかかえた子どもに対応する必要性に迫られている

②1人の子どもだけにずっとかかわっていられるような物理的なゆとりがない

③カウンセリングの専門家ではない

つまり，日々のかかわりの中で子どものかかえる心の問題も何とかしてあげたいと思っているが，時間的に限りがあり，できる範囲でより有効な対応をしたいと考えている先生。また，カウンセリングに興味をもち始めたばかりであったり，勉強中であるという先生。

■本書の内容

本書は3つの内容から構成されています。必要に迫られているところから読み始めてください。

①子どもたちの心の問題を理解するための全体的な指針を得る

　→第1章

　目前の発達課題を乗り越えるのに苦労している子どもたちについて理解・援助するための，基本的な理論を3段階に分けて解説しています。その場かぎりでなく，一貫した対応を行うための見通しをもっていただけたらと願っています。

②子どもからの信頼を回復し，心の成長をうながすワークシート

　→第2～4章

　子どもと信頼関係を築き，心の問題を一緒に整理し，教室復帰のための練習をするというプロセスを，子どもに自己との対話を促すワークシートにまとめました。先生がほかの仕事をしている傍らで子どもがワークシートに取り組む。できたワークシートをもとに教師と交流しながら内容を深めていくというパターンです。「子ども1人の取り組み＋教師との交流」という流れを1つの単位として，子どもの心の問題に対応できるように順序化してあります。

③具体的な実践とアイデア

　→第5章，私の実践紹介

　保健室や校内相談室，相談学級，適応指導教室，病弱養護学校などで，独自の工夫をしながら取り組んでいる先生方の実践を，心の対応に焦点化して紹介しました。その地道な実践を読むと，「みんな私と同じようなことをやってがんばっているんだ」と，力がわいてくることでしょう。「こういうちょっとしたことが有効なんだな」「これくらいならできそうだな」と日々の実践のヒントを数多く見つけていただきたいと思います。

第1章

教室へ行けない子どもたちへの支援

なぜ子どもたちは学級に行こうとしないのか。子どもが成長の過程でぶつかっている困難さを理解し，援助の目標と手順をはじめに確認しよう。

1. なぜ教室へ行くことができないのか
2. 教室へ行けない子どもたちへの対応

第1節 なぜ教室へ行くことができないのか

河村茂雄（都留文科大学教授）

> 保健室・相談室・適応指導教室などに通う子どもたちは，原籍学級をもつ子どもたちである。しかし，各自がいろいろな事情や理由で現在の部屋に通っている。
> 子どもたちがそれぞれの場所に通っている理由は多種多様であろう。だが，そこにはいくつか共通する点がある。その共通点を，対人関係能力を育成するという視点から解説したい。

■教室に通う理由

通常，学級には30人前後の子どもたちが集まっている。ここで子どもたちは，多くの友人と元気よく仲よく交流し，共に集団活動に取り組むことで，次の3つを体験学習する。

○感情
・みんなとかかわる喜びに気づく
・みんなと一体感をもつことで，気持ちが安定することに気づく

○行動
・人とかかわるコツを身につける
・集団の中の1人として，活動するコツを身につける
・集団のルールの中で，行動するやり方を身につける

○思考
・友人関係をもつ意義を理解する
・集団生活を送る意義を理解する

このような体験の結果，子どもたちはもっと広く，深く，そして積極的に友達とかかわりたい，学級集団の一員として活動したいと感じるようになる。このプロセスこそが，対人関係の中で生きる力を育成し，自己の確立を促進するのである。

■教室に行けない子どもたち

ところが，多くの子どもたちが集まる学校で，次のような理由から，ほかの子と同じように人とかかわること，集団活動に参加することができにくくなってしまう場合がある。

○心のパワーの低下
○内的な緊張や不安と
　非社会的な行動にいたる思い込み
○ストレスに対処するスキルの未熟さ

保健室・相談室・適応指導教室などに通う子どもたちが，ほかの子どもたちに比べて人間性に問題があるということは断じてない。しかし，このようないくつかの問題をかかえていることを理解する必要がある。以下に1つずつについて説明を加える。

（1）心のパワーが低下している

多くの友達とかかわりながら，自己を確立したり生きる力を身につけていくためには，その前提として，ある程度の心のパワーを蓄えていることが必要である。しかし学級を離れ，保健室・相談室・適応指導教室などに通う子どもたちは，そんな心のパワーが低下しているのである。

「ほかの子どもとかかわりたい」という動機がでてくるためには，まず，自分には十分

に情緒的なサポートがあると感じられていることが必要である。要するに心の絆である。

多くの子どもたちは、幼児期までに周りの大人との関係の中で、十分に情緒的なサポートを受けている。すると、ほかの子どもとかかわりたいという次の段階の動機が生まれ、学校の中でその欲求を満たそうとする。

ところが、幼児期までの情緒的なサポートが十分でない場合は、多くの子どもたちとともに学級の中にいても、その子どもたちとかかわりたいという動機が生まれない。そればかりか、逆に不安を感じ、情緒的なサポートのほうを強く欲するようになる。その結果、依存する対象となる他者を強く求めたり、自分の殻の中に閉じこもって、その不安をやりすごそうとするのである。

教室に通えない子どもたちには、まず、情緒的なサポートをしてくれる特定の他者が必要である。その人に十分に受け入れてもらい、情緒的なサポートをたっぷりと受けることが何よりも優先する。元気よく学級で友人たちと遊びたい、かかわりたいと思うのは、それが満たされた後である。そして、保健室や相談室、相談学級、適応指導教室、養護学校の教師こそが、情緒的なサポートを求める相手なのである。

(2) 緊張や不安が強く、考え方のクセをもっている

前述のとおり、幼児期に十分な情緒的なサポートを得られることが、人間の発達には重要である。しかし、それが十分に満たされずに学校生活や対人関係を営んでいた場合、その子どもたちの多くは傷つき体験をもっている。また、情緒的なサポートが得られていた場合でも、子どもが自分で支えきれる以上の傷つき体験をした場合は同様の状態にいたる。

負の体験を積み重ねた子どもは、人とかかわる場面や、多くの人がいる環境では、それだけで緊張したり、また同じように傷つくのではないかという不安を強くもつことが多い。

さらに、負の体験の積み重ねを通して、意欲を自ら低下させたり、行動や態度を非社会的な方向に導くような思い込みをもつ場合も少なくない。例えば「どうせ自分は何をやってもだめだ」「自分は人から好かれない人間なんだ」「どうせ自分の気持ちなどだれもわかってくれない」などという具合である。

このような「考え方のクセ」ができると、出来事の受け取り方が偏ってしまい、非社会的な行動へと自分を追い込みやすくなってしまうのである。

(3) ストレスに対処するスキルが未熟である

保健室・相談室・適応指導教室などに通う子どもたちは、気分転換を図ったり問題を解決したりするためのスキルが未熟であるということもできる。未熟とは、対処法がない、知らない、対処法のレパートリーが少ない、ワンパターンであるということである。

例えば、人とのかかわりや集団生活の中で嫌なことがあっても、深刻に落ち込むことなく、乗り越えていける子どもたちがいる。そういう子どもたちにはストレスに耐える力が強いという面もあるが、ストレスに対処する技術、すなわちスキルが高いという面も見逃してはならない。つまり、嫌なことがあっても、遊んだり、音楽を聞いたりして、気分転換を図るスキルが高いのである。

また、トラブルの相手に冷静に意見を言ったり、お互いが納得いくまで話し合うというように、問題解決のためのスキルが高いという面もある。

第1章 教室へ行けない子どもたちへの支援

第2節 教室へ行けない子どもたちへの対応

河村茂雄（都留文科大学教授）

> 保健室・相談室・適応指導教室などに通う子どもたちへの援助の目的は，たんに原籍学級に復帰することだけではない。その子がかかえている発達面の課題を自ら乗り越えられるように援助し，これから続く人生の長い道のりを切り開いていくための力を育成することである。原籍学級への復帰はその通過点である。ここでは，対応の方針と実際について解説する。

対応の骨子は，以下の3つの段階を踏んで，その子どもにあったペースで対応することである。早く完了することが大事なのではない。子どもが一つ一つの発達面の課題を着実に進み，自ら乗り越えられる力をつけていけるよう援助することである。

対応の方針

【第1段階】

子どもと教師のリレーションを十分に形成する段階である。教師を信頼し，この教師になら自分の辛かったこと，本音も話せるという関係を形成することが第一歩である。

このような関係の中で，子どもは心のパワーを充電することが可能となる。同時に，緊張や不安をともなわない関係を教師との間で体験することで，人とかかわることへの不安を軽減させることができる。

不安が少なくなり，ある程度の心のパワーを回復したところで，対応は第2段階に入る。

【第2段階】

周りに受け入れられにくい行動の原因となるような思い込み（考え方のクセ）を修正し，ストレスに対処するスキルを身につけられるように，教師と1対1で対処法を学習する段階である。そのためには，自分がだめなせいではなく，次のようなクセをもっているから人とうまくかかわれないのだということに気づかせることが第一歩となる。

○自分を不安に追い込んでいく考え方
○人とかかわるうえで不適切な行動

次に，それさえ修正すれば，なんとかなりそうだという見通しをもたせ，変えてみたいという意欲を喚起する。

そして，いままでの考え方や行動の仕方を整理する。このとき教師は，ふだん子どもがとっているのとは別の対応方法をいくつか紹介し，その中から，よりよいもの，できそうに思えるものを選択させるようにする。子ども自身に自ら変えていこうという意欲をもたせることが大事である。

【第3段階】

第2段階で学習した新しい考え方や行動の仕方を，ロールプレイなどの方法を用いて繰り返し練習することで定着させ，それを行う自信をつける段階である。

最初は子どもと教師が1対1で練習し，自信がついてきたら子ども2～3人の小グループでも活用できるように練習する。

人間関係の形成における成長とは，より広く，より深くいろいろな人と交流できることである。したがって，サポーティブな教師と1対1の関係を形成することができたら，それを応用して他の人とかかわることができるように援助する。こうすると，子どもは自信をもつことができるようになる。

具体的な対応の進め方

では，それぞれの段階で取り組む具体的な内容を次に説明する。なお，第2～4章のワークシートは，この3段階に対応して作成され配列されている。

第1段階の対応
子どもとのリレーションの形成

リレーションとは，互いに構えのない人間関係のことである。しかし，これをつくることは簡単なことではない。

子どもたちは「もうこれ以上傷つきたくない」との思いを心の奥に押し込んで，強く身構えている。また「学校を休んでいる」「みんなと同じようにできていない」ということで，少なからず自己肯定感が低下している。さらに，「みんなから遅れてしまうのではないか」「この先，自分はどうなるのだろうか」という，将来に対する不安もいだいている。

このような思いが交錯して，子どもたちには次の3つの傾向がみられる。

○自分を強く責めている
 ・自分の殻に閉じこもってしまう
 ・人とかかわろうとしない
 ・すべてに投げやりになってしまう
○周りの人にあたる
 ・被害者意識がとても強い
 ・なんでも人のせいにしてしまう
 ・人の好意を素直に受け取れない
○不安を忘れるために遊びに熱中している
 ・現実の問題に目を向けようとしない
 ・ゲームやアニメ等に没頭している

このような行動や態度は，一見すると，その子の性格的な問題のようにみえるかもしれない。しかし，実は構えそのものである。したがって，「目の前にいる教師には構える必要がないんだよ」ということをわからせていくことが，最初に必要な対応となる。

そのためには，子どもの態度や行動だけに目を奪われないで，現状をまず受け入れることが求められる。現状が対応のスタートになるわけだから，目の前のその子どもを，どんな現状であろうと，評価せずにそのまま受け入れて見つめることが必要である。そして，「この教師は味方になろうとしている」「理解して受け入れようとしている」ことを，子どもにわかってもらう。

最初から向かい合って話せない場合には，一緒に絵本やイラストなどを見るのもいいだろう。2人で同じ物に向かうことで，一体感を得て徐々に構えを少なくさせていくことができる。要するに，子どもが教師の前で構えなくてもいられるような関係を形成することが大切なのである。

構えのない関係ができてきたら，次に自分の思いや感情を自由に表現させ，教師は心にしこりとなっている思いを十分に傾聴する。押さえ込んできた思いや感情を自由に表現することで，子どもの心のパワーが活性化する。また，心のしこりを吐露することで，マイナ

スの感情が少しずつ浄化されていく。
　以上，第1段階の対応のねらいを要約すると，次の2点がポイントとなる。

○構えなくても一緒にいられるようになる
○自分の思いを自由に表現できるようになる

　子どもの心のパワーを充電し，不安や緊張を軽減することがこの段階の目的である。

第2段階の対応
心の問題を一緒に整理する

　心のパワーを充電し，教師の前で構えなくてもいられるようになったら，子どもの心を一緒に整理する段階に入ってきたといえる。
　いきなり，「なぜ学校に行けなくなったの」という現実的な問題をとりあげるのではなく，いろいろな面でのかかわりから，その背景にある現在の子どもの心の状態を掘り下げていく。例えば，最初は好きなアニメの話題から始め，徐々になぜ好きなのか理由を聞いていく，という具合にである。
　このような取り組みの中で，子どもの好みや嫌いなこと，得意なことや苦手なことが明らかになってくる。これらはただ知ることが目的なのではなく，子どもと一緒に確認していく過程が大切である。
　さらにこのような取り組みを続ける中で，少しずつ話題を内面に近づけていくと，自分はどのように生活したいのか，将来はどうしたいのかという，子どものもっている目標が明らかになってくる。そこで，目標に向かうために現在自分の力となっているものは何か，妨げになっているものは何かを子どもと一緒に整理する。

　整理するときのポイントは，「自分で変えることができるものを対象にする」ということである。いじめっ子のA君が妨げになっていると思ったら，A君とのどのようなかかわりが妨げになっているのか，と具体的な視点をもつことが大事である。その結果，A君への対応の仕方をどのように変えていけばいいかという問題解決志向の考え方ができてくる。
　もう1つのポイントは，心の問題を，自分の「考え方」「感じ方」「行動の仕方」に焦点化して整理していくことである。このくらいの時点から，建設的な生活を送るのを妨げている，自分の考え方・感じ方・行動の仕方の「クセ」が子ども自身にも明らかになっていくことだろう。そのクセをできる範囲から変えていこうと展開していくわけである（73ページコラム参照）。
　整理するときは，はじめは「考え方」「行動の仕方」から入っていくのがやりやすい。どのように変えていくのかを教師と一緒に整理していく。「感じ方」については，心の中でマイナスの感情が強くなってしまったらどのように解消するのか，その対処法を教師と一緒に整理していく。
　第2段階の対応において教師は，対話の中で子どもが考えを整理していけるように，投げかける言葉や質問を工夫することが必要である（53ページコラム参照）。

第3段階の対応
新しい考え方・行動の仕方を練習する

　この段階まできたら，友達とかかわる場面や，学校生活で日常的に起こり得る場面を人工的に設定し，ロールプレイ方式で練習する（93ページコラム参照）。第2段階で変えてみ

た自分の考え方や行動の仕方を取り入れて，教師などを相手に実行してみるのである。頭でわかる段階を越え，体得する段階が第3段階である。この際，教師は，子どもの行動を適切にほめたり励ましたりすることが大事である（109ページコラム参照）。

ただし，味方であり，理解者であり，援助者である教師の前で，いくら新しい考え方・行動の仕方を発揮できたとしても，ほかの人の前では以前のままというのはよくあることである。保健室・相談室・適応指導教室などで子どもたちが元気よく生活できるようになったからといって，すぐに原籍学級で同じように活動できるとはかぎらない。この時点ですぐに復帰させるのは考えものである。

世の中の人が，1人の子どもに対して，常に味方であり，理解者であり，援助者であるということはきわめて少ない。そういう集団の中でもなんとかやっていくためには，やはりもう少しの練習が必要である。援助的ではない人の中でも行動できる力の育成が必要なのである。

そこで，この時点では，ほかに数人の子どもたちを交えながら，いくつかの課題に取り組む体験をさせる。「少しは辛いけど，やってみたらなんとかなるものだ」という体験をすることが重要である。この一つ一つの体験を十分に積み重ねていくことが，子どもにとっての自信になっていく。

そして教室に復帰するための具体的な練習を段階を踏んで行うようにするのである。

子どもたちへ対応するためのツール

このように，保健室や相談室，相談学級，適応指導教室，養護学校などは，子どもたちの長い発達を個別に援助する，重要な取り組みを行う場所である。しかし，担当する先生のやらなければならない仕事の範囲は広く，それぞれの子どもの問題に，つきっきりで対応できるような物理的な余裕の少ない場合が多い。

そこで本書では，限られた時間の中で子どもの心の問題に対応するための，具体的なツールを開発しようと試みた。

とくに工夫している点は，忙しさから，1人の子どもにずっとかかわる余裕のない先生のために，子どもが1人でできる取り組みを入れた点である。ほかの仕事をしている傍らで，子どもが1人でできるワークシートに取り組む。完成したその後で，そのワークシートをもとに，教師と交流するというパターンである。

"子ども1人の取り組み＋教師との交流"
という流れを1つの活動の単位として，子どもの心の問題に対応できるように順序化してプログラムした。

時間がとれるときには，あらかじめ教師もワークシートに取り組んでおくとよい。子どもがやり終えた後に見せ合って会話をすれば，相互交流も促進する。教師が書いたワークシートを保存しておけば，ほかの子どもに対しても繰り返し活用できる。

本書が提案するワークシートは，子どもと教師の対話をうながすための材料である。書かせっぱなしにするのではなく，これをきっかけに子どもとのかかわりを深めていただきたい。

COLUMN 1

特別な援助ニーズがある子の基礎知識①
ADHDの基礎知識

菅原正和（岩手大学教授）

　ADHD（注意欠陥多動性障害）とは，Attention-Deficit Hyperactivity Disorderの略称で，DSM-Ⅳ*では，ADHDを下記の2つの型に分けている。

1．多動衝動型
①手足をせわしなく動かし，座っているときもモジモジする
②教室で座っているべきときに席を離れて歩く
③ふさわしくない場所で走り回ったり登ったりする
④静かに遊ぶことができない
⑤たえず駆動されているように行動する
⑥しゃべりすぎる
⑦質問が終わる前に出し抜けに答え始める
⑧順番が待てない
⑨他人の邪魔をする

2．不注意型
①学業や仕事で不注意によるミスをする
②課題や遊びで注意を持続できない
③直接話しかけられているのに，話を聞いていないように見える
④指示に従えず，学業・日常の義務をやり遂げることが困難である
⑤課題や活動を順序立てて行うことが困難である
⑥精神的努力の持続を要する課題に従事することを避けるか嫌う
⑦課題や活動に必要なものを頻繁になくす
⑧外からの刺激で容易に注意がそらされる
⑨日常の活動を忘れてしまう

　上記の症状の中から，それぞれ6つ以上が少なくとも6か月以上続いた場合に，注意欠陥多動性障害と診断する。とくに不注意型は，多動を伴わないために多動衝動型よりもわかりにくく注意を要する。
　ADHDは注意機能のみならず，抑制機能や計画的時間感覚にも障害をもつ。もっとさきにある目的遂行のために，目前の快を得ることを差し控えるのがむずかしい。とくに感情のコントロールや，ワーキングメモリーの使用（最初に入力した情報を他の課題を遂行している間に心の中にためておいて後に再度使用すること）が困難である。カリフォルニア大学のG.J.ラホステとF.X.カステラノスらは，ドーパミンD4受容体遺伝子の変異と，右前頭前皮質，小脳皮質虫部，大脳基底核の尾状核ならびに淡蒼球の萎縮を見い出している。
　米国ではADHDの子どもが普通学級に配属される場合には，必ず補助教員が配属され，効果的教育プログラムと治療が受けられる。日本ではまだ診断と教育態勢が整っておらず，無理解から子どもや保護者，教師が相互に傷つく状況から抜け出せないでいる。

*アメリカ精神医学会の精神障害の診断および統計マニュアル第4版

第2章

子どもとリレーションをつくるエクササイズ
～第1段階～

子どもの不安を軽減し，教師と子どもとの間に構えのない一体感，思いを自由に表現できるリレーションをつくる。子どもの心にパワーをとりもどそう！

1．構えのない一体感を味わうエクササイズ
2．自分の思いを自由に表現するエクササイズ

第2章　子どもとリレーションをつくるエクササイズ

STEP 1 子どもとリレーションをつくるエクササイズ　構えのない一体感を味わう　→　自分の思いを自由に表現する

★★★ あなたのこと教えて！ ★★★

品田笑子

　○ねらい　　書き込み式の自己紹介文を完成させる作業を通して，自己開示への抵抗を段階的に軽減する。

　○対　象　　保健室や相談室によく来室し，悩みや相談がありそうだが自己開示に抵抗のある子

■用意するもの
・ワークシート
・自己紹介ファイル（書き込み済みのシートをとじる。ないときは教師がダミーを作る）

■進め方
(1) ファイルを見たり，ワークシートに書き込んだりするように勧める

時間
20分

「ここに来ている人の自己紹介ファイルがあるから，ちょっと読んでみない？」

「あなたのワークシートを置いておくから，書いてみてくれる？」

(2) 子どもがワークシートに記入する
(3) ワークシートをもとに2人で会話する
　①表面的な会話を交わす

「◇◇さんは乙女座なんだ。私と同じだね」

②さりげなく「気になる内容」にふれる
「今日の気分は『ちょっとゆううつ』ってあるけど，何かあったのかな」
「クラスがえをしたらだれも話す人がいなくなっちゃったんだ。なんかみんなに知らん顔されている感じ。一緒に帰る人もいないし……」
「1年のとき仲のよかったB子ちゃんとは最近どうなの？」
「私が部活やめちゃったから時間がぜんぜん合わないの」
「そうか，それで毎日つらいんだね」
③ほかのシートの感想を聞く

「ほかの人のシートを読んでどうだった？」

「ペンネーム『あゆ命』って人は，なんか私と似ている。ちょっとホッとしちゃった」

■子どもの反応
・書き込んでいるうちにのってきて，続編をやってみたいと言う子が多い。

あなたのことおしえて！

次の質問に答えて，あなたのことをちょっと教えてね。選ぶところは○をつけてね。当てはまるものがないときや，まだちょっと書けないなというところはとばしていいからね。

所属	年　　　　組	これを書いた日　　　　月　　　　日

質問コーナー

☆私は＿＿＿年＿＿＿月＿＿＿日生まれで，いま＿＿＿才＿＿＿か月です。

　星座は＿＿＿＿＿＿座，血液型は＿＿＿＿型です。

　あと，（タレント・歌手・女優・その他　　　）の＿＿＿＿＿＿＿＿に似ているって言われてます。

☆私の好きなものはこれだよ！

　たべもの（　　　　　　　）　くだもの（　　　　　　　　）　いろ（　　　　　　　）
　おやつ（　　　　　　　　　）　本（　　　　　　　　　　　　　）
　スポーツ（　　　　　　　　　）　音楽（　　　　　　　　　　）
　動物（ねこ・いぬ・パンダ・イルカ・ライオン・ハムスター・その他　　　　　　　）

　よく見るテレビ番組は（　　　　　　　）　ハマっていることは（　　　　　　　）
　好きなタレントは（　　　　　　　　）　尊敬している人は（　　　　　　　　）
　いまとても欲しいものは，実は（　　　　　　　　　　　　　　　　　）かな。

　好きな科目は（　　　　　），　（ちょっと・けっこう）苦手な科目は（　　　　　　　）
　お休みの日にはたいてい（　　　　　　　　　　　　　　　　）しているよ。

☆今日（＿＿月＿＿日＿＿時＿＿分）の気分は（最高・まあまあ・ちょっとゆううつ・その他　　　）だよ。
　体調は（最高・まあまあ・ちょっとだるい・その他　　　　　　　）って感じかな。

☆私の性格

　やさしい　　　（かなり・まあまあ・ぜんぜん）
　まじめ　　　　（かなり・まあまあ・ぜんぜん）
　なみだもろい　（かなり・まあまあ・ぜんぜん）
　めだちたがりや（かなり・まあまあ・ぜんぜん）
　がんこ　　　　（かなり・まあまあ・ぜんぜん）
　まけずぎらい　（かなり・まあまあ・ぜんぜん）
　ロマンチスト　（かなり・まあまあ・ぜんぜん）

☆私のひみつ……○か×でこたえてね！

　実は好きな人がいる　　　　　　　　　　（　）
　実は悩みがある　　　　　　　　　　　　（　）
　実はダイエットをしている　　　　　　　（　）
　実は先生に相談したいことがある　　　　（　）
　実は親に内緒にしていることがある　　　（　）
　実は（　　　　　　　　　　　　　　　　）
　実は（　　　　　　　　　　　　　　　　）

☆メッセージコーナー

　先生へ　　　　　　　　　　　　これを読んだだれかに

◇このシートをファイルにとじてほかの人が見られるようにしてもいいですか？　いい・だめ

名前	※「自分の名前はまだちょっと書きたくないな」という人はペンネームでいいよ

第2章　子どもとリレーションをつくるエクササイズ

STEP 1 子どもとリレーションをつくるエクササイズ　構えのない一体感を味わう → 自分の思いを自由に表現する

★★★★★ 魔法の指 ★★★★★

明里康弘

小学生
中学生
高校生

○ねらい　　「他者への気がね」「相手が私を拒否しているのではないか」などの否定的な感情を払拭する。

○対　象　　言葉で表現することが苦手な子。適応指導教室に入級したばかりの子

時間
20分

■用意するもの
・振り返り用紙

■進め方
(1) やり方を話す
　「今日は何も話さなくてもいいエクササイズをします。楽でしょう」「みんなの指は魔法の指です。その指で友達の背中に字を書いて、何という字か当ててもらいます」
(2) 同じ方向を向いて並び、スタート！
　問題例：山、川、の、先生の名前など
(3) 感想を振り返り用紙に書く
(4) 振り返り用紙を見ながら会話する
　「友達が君の背中に書いているとき、どんな感じがした？」「友達の背中に書いたとき、どんな工夫や苦労をした？　君の背中に友達が書いたときどんな感じがした？　何か違いがあった？」

■留意点・コツ
・不登校期間が長い生徒は、字がわからない、筆順がわからない、字が読めないなどいろいろな問題が出る。背中に書く順番は、実際やりながら生徒にまかせる。
・「やらない」と言っていた生徒が途中で「やりたい」と言い出す場合が多い。その生徒がやろうとするポジションへ入れてやる。
・熱中して口で言ってしまうことがあるが、まずは一生懸命さを認めてやる。

■子どもの反応
・「友達の背中に書くときは遠慮があったけれど、書いてもらうときはくすぐったく書かないでしっかり書いてほしかった」
・「何度も書いて、『わかった』とやっと言われたときすごくうれしかった。私のことをわかってくれた感じがした」

参：諸富祥彦ほか編著『エンカウンターこんなときこうする！中学校編』図書文化, P.100

一緒にやった人

魔法の指

友達が私の背中に字を書くとき

私の背中に書いてもらった字

背中に書かれたときの感想は？
○わくわく　○ドキドキ　○なんか変　○いまいち

下にくわしく書いてね

友達の努力を感じましたか
○すっごく　○けっこう　○すこ〜し　○いまいち

下にくわしく書いてね

私が友達の背中に字を書くとき

友達の背中に書いた字

友達の背中は書きやすかったですか？

どんな感じの背中でしたか

友達がわかってくれたときの感想
○やった！　○うれしい　○すごいね　○まあまあ

魔法の指は，
① ○非常に楽しかった　○楽しかった　○ふつう　○つまらなかった　○非常につまらなかった
② ○非常に簡単だった　○簡単だった　○ふつう　○むずかしかった　○非常にむずかしかった

魔法の指 をやってどのようなことを思ったり感じたりしましたか。また，何か気づいたことはありますか。

あなたの名前：＿＿＿＿＿＿＿＿　※ペンネーム可　書いた日：＿＿年＿＿月＿＿日

第2章　子どもとリレーションをつくるエクササイズ

STEP 1　子どもとリレーションをつくるエクササイズ　構えのない一体感を味わう → 自分の思いを自由に表現する

★★何でもはって絵を作ろう★★

森　憲治

 小学生
 中学生
 高校生

○ねらい　　自分のことを語るまでの準備段階として，教師や友達との交流体験を通して安心感をもつ。自分のいまの気持ちをコラージュで表現する。

○対　象　　相談室や保健室によく来室するがあまり話さない子。適応指導教室などで何をしてよいかとまどっている子

■用意するもの
・「何でも使ってボックス」
　雑誌等から切った人物・風景・物・動物などを入れておく
・台紙，下敷き紙，のり，はさみ
・振り返り用紙

■進め方

時間 30分

(1) ほかの子や教師の作品を紹介する

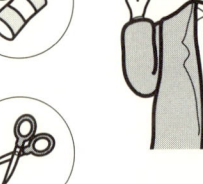

「これは○○ちゃんが作った絵。こっちは△△ちゃんが作ったペン立て。絵を使って作ったんだよ」

(2) 手順を説明する
　①雑誌や広告の気に入った部分を切り抜く
　②それを好きなように台紙にはる
　③振り返りシートに記入する
　④作品の扱いを考え実行する

(3) 自分で切りぬくか，切りぬいたものを使うかを子どもが選んで開始
　「切り抜く代わりに『何でも使ってボックス』の物を使っていいよ」

(4) シートで振り返る。作品の扱いを考え実行する

(5) 作業する元気がない子には

「ほかの人が使えるように，『何でも使ってボックス』に入れる物を切り取ってくれるかな？」

(6) 作品を一緒に味わい，会話する
　「いまは『ちょっとすっきり』という気持ちみたいだけど，作っているときは何か迷っているようだったね」

■子どもの反応
・作品に託した物語や気持ちを語ることもあるが，ただ自分の作品を黙って見ていることのほうが多い。

参：森谷寛之ほか編『コラージュ療法入門』創元社。岡田康伸編『箱庭療法シリーズⅡ』至文堂

何でもはって絵をつくろう！

✏️ **つくってみよう！**
新聞や雑誌の記事を切りぬいて，好きなようにはって絵を完成させよう。切りぬく代わりに，「何でも使ってボックス」から，好きな切りぬきを取り出して使ってもいいよ。

✏️ **できあがったら，下の書ける部分に書き込んで，先生に「できたよ」って声をかけてね！**

1. 実はこれが…
　　　　　　　　　　回目だよ

2. 題をつけるなら？

3. できたものにお話をつけるなら？

4. いちばん気に入っているところを教えて（なかったらいいよ）

5. やってみたときの気持ちは？
○ちょっとすっきり
○くっ苦しかった
○なんとなく不満
○もっとやりたい
○しみじみ味わいたい
その他
（　　　　　　　　　）

★ もう少しくわしく教えて

作品の運命選択コーナー

☐ ペン立てにする　　☐ そのほかの作品にする　　☐ ないしょボックスにしまう
☐ ここに飾る　　☐ 持って帰る　　☐ ほかの作品ととじてみんなが見られるようにする
　　その他（　　　　　）

作品にあなたの名前を表示してもOK？　〔　いいよ　・　遠慮します　〕
●あなたの名前は？ _____　※ペンネーム可
●作った日：____年____月____日　●作り始め〔　：　〕〜作り終わり〔　：　〕

私の実践紹介

コラージュ再利用法

森　憲治（三重県員弁郡適応指導教室教諭）

スタッフとの共同作業で一体感と所属感

適応指導教室でのこと。スタッフの何気ないひとこと「教室にペン立てがないので作ろうか」から，子どもたちと一緒に物作りの作業が始まった。スタッフがお願いする形がよかったらしく，いろいろ取り組みたくても失敗が怖い子どもたちが，最初の一歩を踏み出すきっかけとなった。

用意するのはインスタントコーヒーなどの空きビン・のり・小さな千代紙・はさみ。まずスタッフが好きな形に千代紙を切り，共同コラージュの要領で空きビンにはっていく。

私の場合はこれが，「こんなに不器用でも先生をしている」という自己開示の意味もかねたようで，子どもは一緒に千代紙をはってくれた。

エネルギーのある子どもの場合には，自分から「ここはこんな色がいいな」と提案をしながら進めていく。エネルギーが十分でない子どもの場合には，のり付けを手伝ったり，うまくはれなかったものに補強でもう1枚はったりしていく。

完成後は教室のペン立てとして活用する。ただし教室の隅に置きっぱなしにするのではなく，使用頻度の高い所に置いたり教師用として十分活用する。

子どもたちは，一緒に作品を作ったことでスタッフとの一体感がもてたり，教室に自分の作品が使われていることで教室への愛着が増したような様子である。また作業後に感想を聞くだけでなく，いつでも教室で使用されている作品をもとに気持ちを語り合うことができた。

本書3章の「なんでもはって絵を作ろう」にあるコラージュ作品をもとにして，このような物作りができる。また本教室では，ペン立て等の小物に限らず，箱庭，ベンチ，燻製箱なども子どもたちと作成している。予算の節約と子どもの自己肯定感の育成が同時にできて一石二鳥である。

〈参考文献〉
森谷寛之ほか編『コラージュ療法入門』創元社

ジェンガでドカン

大久保牧子（金ヶ崎町立金ヶ崎小学校養護教諭）

感情が表現されやすく，心の緊張がほぐれていく

頭痛や腹痛，ちょっとした傷を理由に保健室に来室する子どもの中には，人とうまくかかわれず，集団の中にいると不安を感じたり，過度の緊張状態になったりする子どもがいる。このような子は，表情が硬く，問いかけに対する反応も鈍くて，無理に話をさせようとすると，ますます緊張して会話ができなくなる。

このような子たちに私は，安心できる雰囲気づくりをして，ゲームに誘うようにしている。

不安や緊張が強い子どもは，自己表現が抑えられがちである。そこで，非言語でできて感情が発散されやすい市販のゲーム，例えば「ジェンガ（アンバランス）」などが適しているようである。

ジェンガとは，同じ形をしたバー3本を交差しながら重ね上げた塔から，バーを1本抜き取り，崩れないようにして最上段に重ね上げるゲームである。メンバーが交代で行っていくうちに，最後にバランスが保てなくなり，激しい音を立てて，崩れ落ちる仕組みになっている。

ジェンガは，ルールが単純なので，一度やって見せるだけで理解できるゲームである。だから人間関係に抵抗を示している子も誘いに応じることがほとんどである。

相手がどこを抜き取るか，あるいは抜き取ったバーをどこに重ねるか，お互いの活動が影響し合う中で感情交流が生じてくる。また，楽しくて自然に声を発する子もいる。激しい音をたてて崩れ落ちたときは，どの子も「わーっ」と大きな声を上げずにいられない。

ゲームを一緒にすることで，子どもとの交流が深まり，不安や緊張をほぐすことにつながっているようだ。

さらに，休み時間に行っていると，保健室に来室したほかの子どもたちが「入れてほしい」と，保健室登校している子どもに問いかけることがあり，仲間づくりのきっかけにもなっている。

COLUMN 2

カウンセリングの技法①

リレーションを形成する技法【傾聴・受容・支持】

河村茂雄(都留文科大学教授)

一緒にいても緊張せず,リラックスした状態でいられる。お互いに構えがなく,本音で自分の感情を語り合うことができる。

向き合う2人がこのような人間関係にあることを,リレーションがあるという。ふれあいのある人間関係である。

リレーションのある人間関係を日常生活でもっていることは,生きる支えとなる。人の心の健康を保持し,生きる意欲を増進させる。

リレーションがない場合,子どもは教師に本音の思いや心情を語ってはくれない。また,教師の言葉も子どもの心に素直に響かない。したがって,子どもの心の問題を援助するためには,まず,その子どもとリレーションを形成することが必要なのである。

しかし,教師が子どもに「リレーションをもってあなたに対応しますよ」と,言葉だけで説明したところで,リレーションは形成されない。子どもがそう感じなければ始まらないのである。

では,人はどういうときに相手とリレーションがあることを感じるのだろうか。

まず,相手が自分を理解して受け入れようとしてくれている,味方になってくれようとしている,そういう雰囲気で自分の話を親身に聴いてくれている,と感じるときである。

このような話の聞き方を「傾聴」という。傾聴とは,相手の語る言語そのものだけではなく,相手の様子や雰囲気などの非言語の部分をも含めて理解しようとする,能動的な聴く姿勢である。その人を取り巻く客観的事実よりも,その人が,その事実を,その人自身の感情や価値観に照らし合わせて,どうとらえているのかを理解することがより大事である。

だから話を聴くときは,相手の話の内容を評価したり,指導しようと身構えて聴くのではない。一時的に,自分の価値観を隣におき,自分を無にして,相手の話を相手のフレームで共感的に理解するのである。このような態度を「受容」という。このとき,教師役割を前面に出さないことが大事である。

さらに話を聴いていくなかで「なるほど,それはつらかったね」という具合に,相手の感情や思いに同調する気持ちを表現すると,「自分の思いをわかってもらえた」という満足感が相手に生まれてくる。このように言動を肯定・承認することを「支持」という。

受容的な態度でじっくりと話を聴いてもらえると,教師に対する構えが子どもからとれてくる。そして,自分の言動が認められることで,教師に対してリレーションが生まれてくる。

さらに,教師とのかかわりの過程で,現在の状況,自分のことを,子ども自らが受容する原動力も生まれてくるのである。

第2章　子どもとリレーションをつくるエクササイズ

| STEP 1 | 子どもとリレーションを
つくるエクササイズ | 構えのない
一体感を味わう | → | 自分の思いを
自由に表現する |

★★へん～しんラインだー！★★

武蔵由佳

○ねらい　　　気がねなく自己を語る準備段階として、言葉を使わずにイメージを表現すること、教師やほかの子と作品を一緒に鑑賞することを通して、安心感を高める。

○対　象　　　保健室や相談室によく来室するものの、言葉で話す機会が少なく、絵や文字を通して自己表現することが得意な子

もとにした「1本線」　　　　　　　　　子どもの作品例

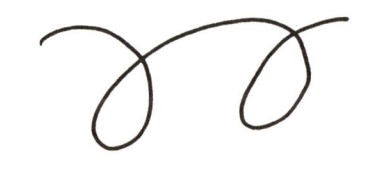　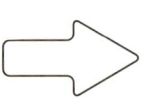　

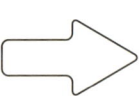　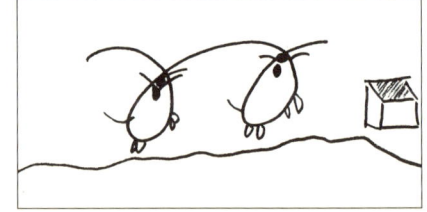

時間
20分

■用意するもの
・1本線をかいた紙、出来上がっている作品
・クレヨン、振り返り用紙

■進め方
(1) ほかの子どもや教師の作品を紹介する
(2) 1本線がかかれたシートを見て、じっくりイメージをふくらませられるようにする
(3) イメージをもとにクレヨンで絵を描く
(4) 振り返り用紙に記入する
(5) 作品や振り返り用紙を見て会話をする
(6) ほかの人のために1本線をプレゼント

■留意点・コツ
・作業時間を十分にとり、会話を急がない。

・連想が発展しなかったり、多くを語れない場合は、無理をせずファイルの絵を見せる。

■アレンジ
・ほかの子どもや教師とお互いに一本線をかき合い、交換して「へんしん」させ合う。

■子どもの反応
・言葉での感情表現が苦手な子や、会話に緊張を感じる子たちにも、会話や笑顔が見られ、気分が安定していった。
・「何を考えているのかわかりにくい子」という教師の印象が、「自由な発想があるけど言葉で表現できにくい子」と変わった。

参：弘中正美・濱口佳和・宮下一博編著『シリーズ◆子どもの心を知る第3巻　子どもの心理臨床』北樹出版

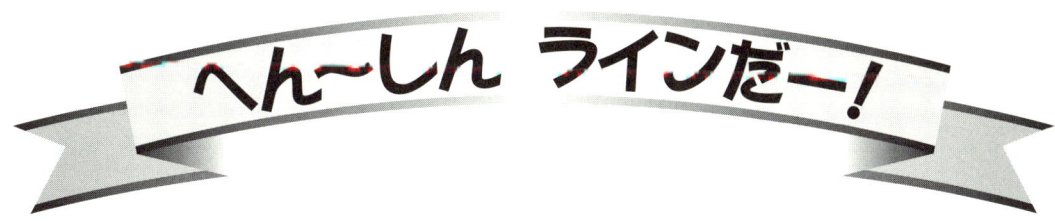

あなたの力で生まれ変わらせて！
シートにかかれている1本の「線」をジーッと見てね。何かに似てる？　何かの形に見えてくる？　思いつきをどんどんかきたして，新しい絵を作ってね。

できあがったら！
やってみたらどんな気持ちがしたかを教えて。下の書ける部分に書き込んでね。

① 1本線をもらったとき
- なにこれ　・う〜ん　・む…むずかしい
- わくわく　・どきどき　・まいった
- その他

② 「へんしん」させているとき
- けっこう楽しいじゃん　・変だな
- わくわく　・いまいち　・む…むずかしい
- もう止まらない　・うまくいってるぞ
- その他

③ できあがったとき
- やったー！　・ふ〜う　・けっこうイケてる
- うるうる　・じまんしたい　・どうだ！
- よっしゃ　・その他

★ 1本線を交換し合った人へ
自分の作った1本線の「へんしん」を見たときの気持ちは？
- うっそー　・かっこいい　・ショック
- かわいい　・びっくり　・なるほど
- さすが　・ほう　・その他

作品の運命選択コーナー

持って帰りたい
ありがとう
思い出したら，またながめてね

ここにプレゼント
やったね！
きっと次に見た人も喜んでくれるよ

どんなふうにしたらいいかな？
①こっそりしまっておいてほしい
②もうどうにでもして〜
〔かべにはる，ファイルして見てもらう〕
その他（　　　　　　　　）

●あなたの名前は？（ペンネーム可）＿＿＿＿＿＿＿＿＿＿＿＿
●作った日：＿＿＿年＿＿＿月＿＿＿日　　●作り始め〔　：　〕〜作り終わり〔　：　〕
☆よかったら次の人のために1本線をかいてあげてね！　どうへんしんするか楽しみだね

第2章 子どもとリレーションをつくるエクササイズ

STEP 1 子どもとリレーションをつくるエクササイズ　構えのない一体感を味わう → 自分の思いを自由に表現する

★★★私のヒットチャート★★★

中下玲子

小学生
中学生
高校生

○ねらい　音楽を題材にして会話の機会を増やしたり，伝言板形式の交流を活発にすることで，徐々に教師や友達と一体感を感じる。

○対　象　心のパワーがダウンして無気力になったり，感情のコントロールがうまくいかず攻撃的になったりして来室した子

時間 30分

■用意するもの
・CD・MD・テープ，「私のヒットチャート」，「おすすめカード」，「聴いたよカード」

■進め方
(1) 部屋に常備された音楽を聴くよう勧める
　「どうしたの？　気持ちを落ち着かせるために音楽でも聴いてみない？」「ここにあるCDから好きな音楽を聴いてみてね」
(2) 音楽を聞きながらカードがはってある掲示板をながめてみるよう促す
　見ればやり方がわかるように，ヒットチャートやカードをはる掲示板を作っておく。
(3) 子どもが「私のヒットチャート」「おすすめカード」「聞いたよカード」に記入する
(4) 選んだ曲や音楽の話題について会話する
　「この曲，私も好きだな。落ち着くよね」
(5) 書いたものを掲示したりファイルする

■留意点・コツ
・部屋で音楽を聴くことに教職員の理解を得ておく。なお「進め方(1)」は省略可能。
・音楽を話題にして「伝言」をうまく使い，ほかの子どもたちと交流させる。
・掲示板に「こんなときこれを聴いて！」と，状況別に集めたコーナーを作るのもいい。

■子どもの反応
・音楽を聴くと，おだやかな表情になり，ゆっくりシートを書きだす子が多い。
・「今度イライラしたら，音楽を聴いて落ち着きモードに変えてみる」と自分なりの対処法を話すこともあった。
・落ち込んだりしたときにやって来て，自分で曲をみつけて聴いていく生徒もいる。

私のヒットチャート

いつも音楽と一緒のみんな，
おすすめベスト5を紹介してください。
音楽が大好きな私たち，いろんな音楽を聴き合いたいよね。
ミュージックネットワークをひろげよう！

あなたの名前　※ペンネーム可

_____　　年　月　日版

	曲　名	コメント こんなときに聴いている，こんなときに聴くのがおススメ，あの思い出がよみがえる，など何でもＯＫ。
1		
2		
3		
4		
5		

おすすめカード

　　　　年　月　日

_____のあなたにおススメなのは

_____より

メッセージ

聴いたよカード

　　　　年　月　日

_____さんへ

を聴いてみました。

メッセージ

_____より

第2章 子どもとリレーションをつくるエクササイズ

STEP 1 子どもとリレーションをつくるエクササイズ　構えのない一体感を味わう → 自分の思いを自由に表現する

★★★★すごろくトーク★★★★

坂水こずえ

対象：小学生／中学生／高校生

○ねらい　楽しく自分の体験や感情を語ることで，構えなくても自分を語れる人間関係をつくる。他者と自分が同じことや違うことを知ることで孤独感を和らげる。

○対　象　相談室や保健室によく来室し，悩みや相談がありそうだが話してこない子

時間　30分

■用意するもの
・すぐに使えるスゴロク，駒，サイコロ
・スゴロクを作る用紙（枠あり・枠なし）

■進め方
　止まったマスにあるテーマについて，自分のことを語る「すごろくトーク」。
（1）やってみる
　教師やほかの子どもが以前に作ったスゴロクを使って，教師と子ども，または子ども同士でやってみる。
（2）作ってみる
　自分なりのスゴロクを作る。スゴロクの枠は教師が用意してもいいし，まっさらな紙に初めから作ってもよい。
（3）作ったものをやってみる
（4）感じたことを話す
　「○○さんと一緒にやってみてどうだった？」
（5）スゴロクをストックしていつでも遊べるようにしておき，何回も繰り返す

■留意点・コツ
・「私の楽しかった思い出はね……」と教師がまず自己開示する。子どもは教師の行動をまねることができ，気持ちが和らぐ。
・子ども同士で行うときも，教師がさりげなく介入し，ゲームを進行させたり，会話を引き出したりする。
・表面的な話から始め，さりげなくテンポよく，楽しい雰囲気でゲームを進める。
・終了後は子どもが言葉につまったマスに関連して質問をする。「お父さんと楽しいことなんかないって言ってたけど，遊んでもらったり，お話してもらったりしたことあるかな？」と気持ちを探り，受けとめる。
・自己を語り，コミュニケーションをとることで人間関係が深まることに気づかせる。

■子どもの反応
・「ゲームだと，ふだんは聞きにくいことが聞けるし，話しにくいことが話せた」「同じことを思っている人や，同じような経験がある人がいるってわかって安心した」「また，やりたい」「ほかのシートもやってみたい」などの感想があった。
・他者への共感が孤独感を軽くしたり，他人と自然にコミュニケーションが取れることで，同じ悩みをもつもの同士が仲よくなったりする場合も多い。
・このスゴロクをきっかけに，子ども同士で相談し合うようになり，教室から逃れて保健室に来る子どもが少なくなった。

参：國分康孝監『エンカウンターで学級が変わる　ショートエクササイズ集』図書文化，P.138

第2章 子どもとリレーションをつくるエクササイズ

STEP 1 子どもとリレーションをつくるエクササイズ　構えのない一体感を味わう → 自分の思いを自由に表現する

2人のハートはピッタリンコ？

品田笑子・根田真江

小学生
中学生
高校生

○ねらい　　二者択一を通して緊張をやわらげ，打ちとけるきっかけづくりをする。また選んだものやその理由を紹介し合うことで，人とかかわる不安を軽減する。

○対　象　　相談室や保健室によく来室し，なかなか教室に戻ろうとしない子

■用意するもの
・ワークシート2枚（1枚は子ども用，1枚は教師用。教師は事前にすませてもよい）
・クレヨン

■進め方
(1) ワークシートに記入を勧める

時間 15分

①二者択一の問題をやってみるよう勧める

②時間があったら理由も書くようにする
(2) 2人で答え合わせをして，合っていたらハートマークに色をぬる
(3) 「おつげ」を読む
(4) 「おつげ」にしたがって，同じだったことや違っていたことについて語り合う
「どうしてアイスの方が好きなの？」
「口の中でとける感じが好きなの」
「先生はジュースよ。フルーツの生ジュースは健康にもよさそうだから大好きよ」

(5) 自分と先生との会話を通して感じたこと，気づいたことを話し合う

■留意点・コツ
・子ども同士でやっても楽しい。
・子どもの興味や関心のありそうな話題を把握し，次回の面談に役立てる。
・「先生と同じね」とか「そうなの？」などのような相づちや関心を示す言葉も加えて，話しやすい雰囲気をつくる。
・シートに書いていること以外にも話がふくらむように，子どもの話を教師がしっかり受けとめて「どんなときにそう感じたのかな」などの言葉をかける。
・自己開示がしやすいように，表層的な質問と深層的な質問を配置する。

■子どもの反応
・「選ぶときにちょっと迷ったけど，話すのが楽しかった」「先生からいろいろなことが聞けて楽しかった」「同じものもあったけど選んだ理由が違っていた。人っていろいろな考え方をもっていると思った」「久しぶりに話をしたという感じがした」などの感想があった。

参：J.バーニンガム・松川真弓訳『ねえ，どれがいい？』評論社

2人のハートはピッタリンコ？

「自分はこっち！」と思うほうに○をつけてね。　名　前　　　　　　　　　　　　　　※ペンネーム可

- どっちが好き？　ジュース・アイス　わけは？
- どっち派？　おふろ・シャワー　わけは？
- 旅行に行くなら？　山・海　わけは？
- ごはんを食べに行くなら？　洋食・和食　わけは？
- 飼いたいのは？　イヌ・ネコ　わけは？
- どっちがいい？　先生・生徒　わけは？
- どっちがいい？　おとな・こども　わけは？
- 将来大切にしたいことは？　家庭・仕事　わけは？
- どっちがほしい？　愛・お金　わけは？
- どっちを選ぶ？　たくさんの友だち・すこしの親友　わけは？

（　　　　　　）と答えをくらべてみるよ！

相手の人と同じ答えだったところのハートに色をぬりましょう！　いくつ一緒だったかな？

しんだん	10～6コ **あつあつ**	5～3コ **ほどほど**	2～0コ **しげきてき**
おつげ	2人の相性はばっちり！もっといろいろなジャンルについて話してみましょう。もっと共通点がみつかるかも。	2人の相性はほどほどてきなしげきを楽しみましょう。でも、話してみるともっといろいろな共通点がみつかるかも。	2人のこせいは正反対！だから、しげき100％。もっといろいろなことを話し合うと、ちがう世界を楽しめるかも。

第2章 子どもとリレーションをつくるエクササイズ

| STEP 1 | 子どもとリレーションを つくるエクササイズ | 構えのない 一体感を味わう | → | 自分の思いを 自由に表現する |

★★★体験したことビンゴ★★★

土田雄一

○ねらい　ビンゴゲームで楽しく自己開示して、お互いを知り合い、構えのない人間関係をつくる。

○対　象　相談室や保健室によく来室する子どもたちや適応指導教室などに通う小集団の子どもたち（3人以上のとき）

高校生

時間 30分

■用意するもの
・ワークシート，筆記用具

■進め方
(1) やりかたを説明する
(2) 子どもがワークシートに記入する
　①1の中から自分の体験に○をつける
　②○をつけた項目から16個を選び，自由にビンゴのマスに記入する。たりなければ，ほかの人の体験も予想して記入する
(3) みんなでビンゴゲームをする
　①ルールを確認する
　　「順番にマスを書いた項目を読み上げ，自分と同じものが出たら○をつけます」
　　「あと1つでビンゴになるときにはリーチと声をかけてください」
　②賞を決める
　　例：早かったで賞，多かったで賞など
　③ビンゴができたときには拍手で讃える
　④最後まで発表したら，ビンゴの数を確認
　　「多かったで賞は△△さんでした」
(4) 体験の内容を詳しく聞き合う
　　「□□さんはテーマパークに行ったそうですけど，どこに行ったのですか」
(5) 来年したいことを記入し発表し合う

■留意点・コツ
・体験を発表する回数は，4～5人グループであれば1人2～3回程度。人数が多いときでも1人1回の発表を確保する。
・文字を書くことに抵抗がある子どもがいる場合は，番号だけでよいこととする。

■子どもの反応
・「リーチ！」「ビンゴ！」という声がかかり始めると楽しさが高まった。
・友達の体験発表にも一喜一憂していた。

体験したことビンゴ 〔夏休み編〕

あなたの名前：＿＿＿＿＿＿＿＿＿＿ ※ペンネーム可　　書いた日：＿＿＿年＿＿＿月＿＿＿日

夏休みは楽しかったでしょうか。今日はみんなの夏休みの体験をビンゴゲームで教えてね。

1. 自分の生活や体験をふりかえり，実際に体験したものに○をつけましょう。

---

1. スイカを食べた　2. 昼寝をした　3. メールのやりとりをした　4. 自分で食事を作った　5. 祖父母の家に行った　6. かき氷を食べた　7. ビデオを見た　8. 朝10時すぎまで寝ていた日がある　9. 塾へ行った　10. プールに行った　11. 病院に行った　12. テレビゲームをした　13. 家の手伝いをした　14. 花火をした　15. 飛行機にのった　16. マンガ以外の読書をした　17. マンガを読んだ　18. 公園に行った　19. 夜12時すぎまで起きていた日がある　20. 温泉に行った　21. つりをした　22. 映画館で映画を見た　23. 友達の家に遊びに行った　24. 外国に行った　25. 学校に行った　26. 朝ごはんを食べなかったことがある　27. 海に行った　28. 髪を切った　29. ＣＤを聴いた　30. 留守番をした　31. テーマパークへ行った　32. 盆踊りに参加した　33. ボウリングをした　34. キャンプに行った　35. お墓参りをした　36. 花火大会を見に行った　37. スイカわりをした　38. 船にのった　39. 特別におこづかいをもらった　40. ゲームセンターに行った　41. 家族にほめられた　42. 夏祭りに行った　43. 新しい服をかった　44. 暑中見舞いをかいた　45. 電車にのった　46. カブトムシなどの虫とりをした　47. けがをした　48. コンビニに行った　49. 友達が遊びに来た　50. 芸能人（　　　　　　）を見た　　その他（　　　　　　　　）

---

2. 自分が体験したことの中から16コを選んで，下のビンゴ表に書きましょう。番号と始めの言葉だけでいいです。（例＝7. ビデオ）もし，数が足りなかったら，自分の体験したことをビンゴ表に入れたあとに，ほかの人が体験しただろうと思うものを○つき数字で書きこみましょう。（例＝⑭. 花火）
　　さて，いくつビンゴができるかな？

3. ビンゴゲームの感想を書きましょう。（気づいたこと・考えたこと）

私の実践紹介

アニメ・メッセージでガンバ！

住本克彦（兵庫県立教育研修所指導主事）

教師と子どもの信頼関係を深め，自信回復を促す

対象は小・中学生，ねらいは「信頼体験」。準備は子どもが好きなアニメ・キャラクターを事前につかんでおくこと。そのキャラクターとメッセージを「アニメ・メッセージ・カード」に書いておく。

メッセージの内容は，教師の観察や子どもたちの情報などから，自信をなくしている子どもに，本人のいいところをカードに書いて送る。自信をなくしている子どもへ，「ここがあなたのいいところ」「先生もこんな失敗をしたんだよ」「いまのあなたも十分すばらしい！」等のメッセージを送る。

日常の学校生活でならいつでもどこでもできる。毎日の連絡帳や「先生あのねノート」にはさんで渡しても効果がある。これが交換日記や個別面談にまで発展することもある。

①自信がもてない不登校傾向の子どもへの実践

メッセージの内容が本人の負担にならないように「ガンバレ！」を控え，「いまのあなたはこんなにすばらしいんだよ！」のメッセージを送る。これを何度か続けることで，自尊感情を高め，再登校に向けての心的エネルギーを充填することができる。またこれにより，教師と子どもの信頼関係を深めることにもなる。

②怠学傾向の子どもへの実践

「どうせ，自分なんか勉強もできないし，やる気ないよ」と怠学傾向を示す子どもへ，「ここがあなたのいいところ」のメッセージを送る。教師の自己開示としては「失敗談」を入れるとさらに効果が上がる。

実際に①②とも登校が定着し，教師と子どもの信頼関係を深めるのにおおいに役立ったのである。

〈参考文献〉

國分康孝監修『教師と生徒の人間づくり』瀝々社
上地安昭「カウンセリング研修における構成法の活用」國分康孝編『構成的グループ・エンカウンター』誠信書房

湯たんぽで身体も心もぽかぽかに

千田雅子（岩手県立岩谷堂農林高等学校養護教諭）

「あったかい」は無条件の肯定に似ている

保健室では，湯たんぽは冷えや生理など体調を崩した生徒に，血液の循環を良くする目的で使用される。私はこれまで，話をするエネルギーもないほど落ち込んでいたり，泣いてばかりいる生徒には，横に座り寄り添うのがいちばんだと思っていた。しかし実際は，ほかの生徒に対応しなければならなかったり，「1人の世界に浸っていたいのかも」と感じたりして，対応を迷っていた。そんなとき「湯たんぽって心までいい気持ちになるね」と言われ，人肌湯たんぽサービスを思いついた。

湯たんぽは，ゴム製，お風呂と同じ温度がおすすめ。生徒が来室したときにまず落ち着かせることが必要であると判断したら，「こっちにおいで」と言い，背中に軽く触れソファに誘導する。湯たんぽを用意して「んー，なんだか心が寒そうだな，はい，どうぞ」とにっこりして抱っこさせる。生徒は，不思議な顔をして「おなか痛くないよ」と話してくるが，「今日は特別大サービス。まずゆっくりして。話したくなったら私でよければ話を聞くから，話しかけてね」と保健室を居場所としていいことを伝え，仕事に就く（ただし，忙しさを感じさせない配慮が必要）。そのうち呼吸が整い精神的にも落ち着きを取り戻してくる。生徒は「先生は具合が悪くない私を追い出さなかった。辛い気持ちでいることをわかってくれたんだ」と感じてくれる。その後話しかけてくる生徒もいれば，自分で解決して「なんだか元気が出た。ありがとう」と言って教室に戻って行く生徒もいる。

人肌湯たんぽは，身体をリラックスさせ心もリラックスさせる効果がある。そして昔にかえる道具のように感じる。泣いてぐずっている自分を「よしよし」と言って抱きしめてくれるお母さんの代わり，とでも言おうか。人は心が癒されると「またがんばろう」という気持ちになれる。最近「先生，お母さんみたい」と言われるようになったのは，人肌湯たんぽのおかげかもしれない。

私の実践紹介

保健室での「Q-U」の活用

入駒一美（岩手県立黒沢尻南高等学校養護教諭）

見すごされがちな問題の発見に

保健室にはさまざまなニーズをもって生徒が来室する。その多様なニーズに対応する1つの方法として、「何かありそうだ」と判断した生徒に対しては「Q-U」を実施している。

Q-Uは本来はクラス単位での実施が主の質問紙であるが、短時間で実施でき、個別の実施からも生徒の学級での状況を知ることができる。また複数回実施することで、時間を追った変化を見ることができる。保健室ではとくに、悩みを話すきっかけづくりとスクーリングを目的に実施している。

生徒から明らかな学校忌避感情をうかがい知ることができる場合は、教師も速やかに対応することができる。しかし、見逃されがちなグレイゾーンの生徒の場合、行動へと移行した状態で問題が初めて表面に出ることが多い。このような状態にいたる前に対応することができれば、生徒はより充実した学校生活を送ることができるだろう。

生徒の悩みは、友人関係・学習に関すること・対教師のこと・学級のこと・家庭の問題・進路の悩みなど、Q-Uが下地としているスクールモラールの項目に一致している場合が多い。そこで、Q-Uの結果をきっかけとして話を進めていくと、先生に対する具体的な悩み・性にかかわる問題・性格の問題・いじめに関することが話されてくる。また、ただ聞いてもらいたいとか居場所を求めてという場合もある。具体的な話のきっかけづくりとしては、「学級がつらいみたいね」等の言葉をかけ、生徒の答えを解釈せずに受容・傾聴して原因となる悩みを引き出す。そして、そのレベルをアセスメントし、早期にチーム対応へとつなぐ。

教師がチームを組んで対応するときにも、Q-Uは共通の判断材料を提供するツールとなる。保健室で得た情報を担任の先生方と共有し、協議していくことが、より適切な対応へつながっていく。

〈参考文献〉 河村茂雄『楽しい学校生活を送るためのアンケートQ-U』（中学・高校用）図書文化

ツボ刺激で心身リラックス

大越恵子（岩手県立一関工業高等学校養護教諭）

スキンシップを通したエネルギー補給

休み時間にいつも1人でいる、授業開始まで保健室を居場所にしている、ストレスがいっぱいでも不安をだれにも言えない。保健室には、こうした生徒たちが心の安定を求めて来室する。このような生徒たちは、自信がなく、緊張した表情で、顔色が悪く、元気がない。頭痛、肩こり等の身体症状を訴えることも多い。そこで身体症状を軽くするために、ツボ刺激を試みている。触診しながら、問診・視診と並行してツボを刺激し、心身のリラックスからリレーションづくりをねらっている。

両手を開き、一方の手の指先で第2掌骨にそってたどると、少しくぼんだ所にあたる。そこがツボ（合谷）である。押すことで圧痛の程度を知り、前腕、上腕、後頭部から肩と背中、側頸部をもむ。

最初は緊張して硬かった身体が柔らかくなる。両手の温度をツボ刺激前と後でどう変化したか聞くと、全員「両手があったか～い」「軽くなった」「気持ちいい」「ありがとう」と笑顔で答える。そして少しずつ心の悩みを話してくれる。

悩みが軽い生徒は、1回で元気になって教室に戻っていく。時間が必要な生徒は2、3回繰り返していくうちに元気になる。ときには保健室に来たほかの生徒のツボ刺激を手伝って感謝され、友人ができて仲よくなることもある。

ツボを刺激しコリをほぐすことで、緊張していた心と身体が和らぐ。そしてふれあいが自然にうまれ、生徒が自分からストレスについて話し始める。これを聞いてあげるだけで、大部分の生徒は自分で解決方法をみつけていく。「話しただけでスッキリした」と言う生徒もいる。心身のエネルギーを補給して保健室を出て行くのである。

〈参考文献〉
山田光胤ほか『図説東洋医学　基礎編』学研
伊藤元明『家庭のテルミー』東京理医学研究所

第2章　子どもとリレーションをつくるエクササイズ

STEP 1　子どもとリレーションをつくるエクササイズ　　構えのない一体感を味わう　→　自分の思いを自由に表現する

★★★お願い！ドラえもん★★★

小川暁美

小学生
中学生
高校生

○ねらい　　　自分の思いや感情を自由に表現したり話したりすることで，不安や緊張を軽減する。

○対　象　　　自分の本音や感情を語ることができない子。教師とのリレーションが十分でない子

■用意するもの
・ワークシート

■進め方
(1) ワークシートの記入を勧める
　①ドラえもんに頼みたいことを考えてみる

時間
20分

「もしドラえもんがいたら，どんなことをしてもらいたい？」

　②教師のシートを見せ，やり方を伝える
　③ワークシートに書く
(2) 書いたものをもとに会話する
　①教師と共通したものがあれば取り上げ「同じだね！」と共感する
　②教師がわからないところを質問して，説明させたり，詳しく語らせたりして緊張をほぐす

■留意点・コツ
・教師自身の今の願いを語ったり，幼少時の体験談を話したりして，だれでも同じような願いをもっていることを伝える。
・自分の夢がかなう楽しさを十分に味わえるようにする。

■子どもの反応
・書くことが思いうかばない子がいた。「食べたい物はなに？」「行きたい所はどこ？」「会いたい人はだれ？」など質問をして，願いに気づかせるようにした。
・絵がかけない子には，ほんとうに簡単な絵でいいことを話し，教師が下手な絵をかいて例を示した。
・願いがたくさんうかんで迷っている子には，話に耳を傾け，その中から「いまいちばんしたいことはなに？」と選択できるようにした。
・1つ1つ説明したがる子には「たくさん願いがあるんだね。いま教えてもらったら先生の楽しみがなくなるから，また後でゆっくり教えてね。先生もキミがどんなことを書くか楽しみにしているよ」と話した。
・あっという間に終わってしまったときには，もう1枚同じシートを渡したり，「キミが藤子不二雄なら，どんな道具を発明する？」と問いかけて，新しい道具の発明や，使い方をの説明を促した。
・「ドラえもん」という言葉を聞いただけで，ニコッとする子が多い。

お願い！ ドラえもん

お願い！

もしキミのそばに、ドラえもんがいたら、どんな道具を出してもらいたい？ キミがほしい道具とそのわけをどらやきに書いてみよう。最後にぼくの似顔絵をかいてね

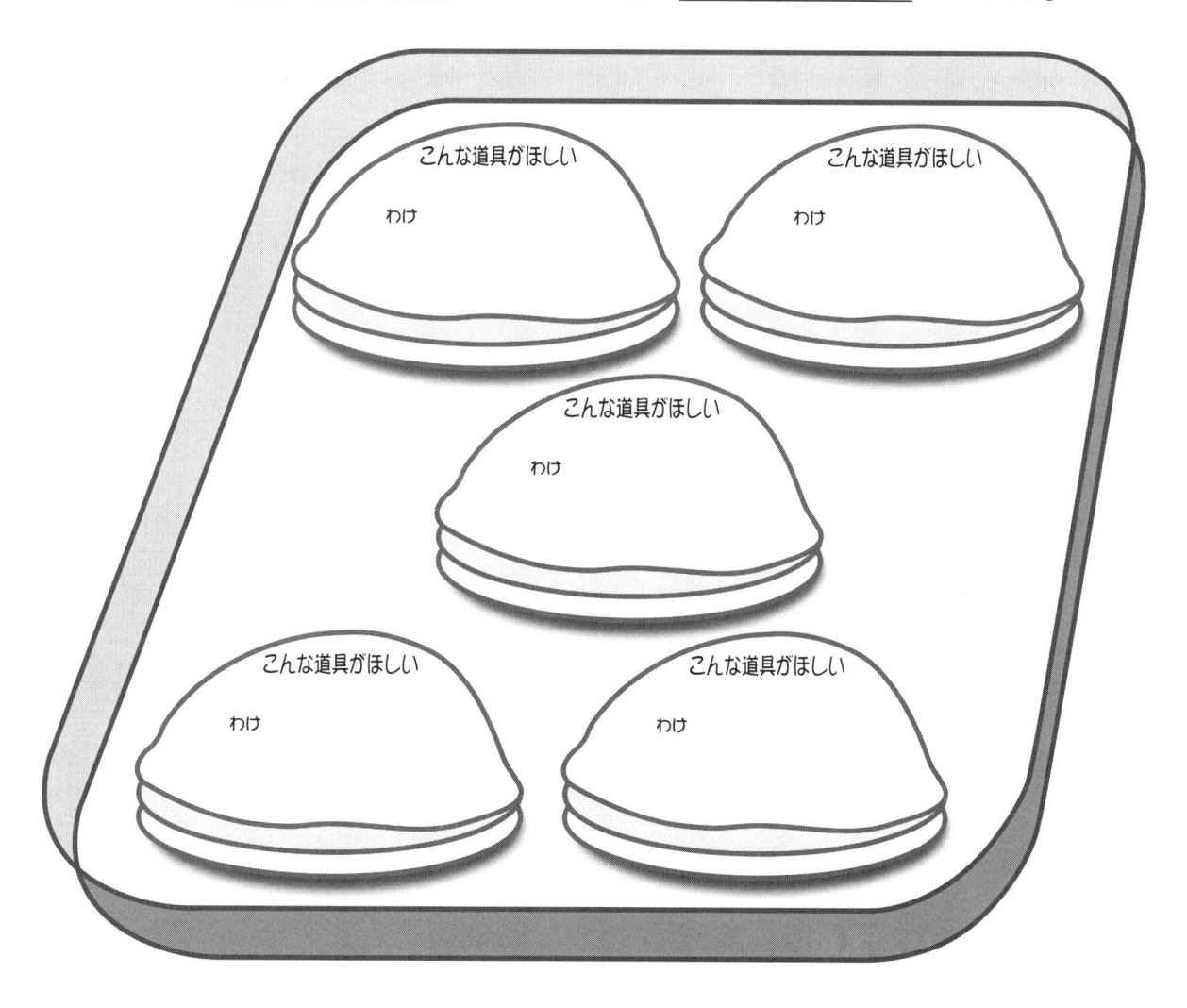

書いた日：＿＿＿年＿＿＿月＿＿＿日　あなたの名前：＿＿＿＿＿＿＿＿＿＿※ペンネーム可

こんな道具がほしい
わけ

こんな道具がほしい
わけ

こんな道具がほしい
わけ

こんな道具がほしい
わけ

こんな道具がほしい
わけ

このシートを持ち帰る・友達に見せてもいいよ

STEP 1 子どもとリレーションをつくるエクササイズ

構えのない一体感を味わう → 自分の思いを自由に表現する

「先生！ちょっと聞いてよ」ベスト３

粕谷貴志

小学生／中学生／高校生

○ねらい　苦しい気持ちを語れる信頼関係を築く。書くことで抵抗を減らして，短時間で問題をつかみ，感情の渦に巻き込まれてみえなかった自分に気づくことができるようにする。

○対　象　相談室や保健室に何か聞いてもらいたいような様子で来室した子

時間 20分

■用意するもの
・ワークシート

■進め方
(1) ワークシートの記入を勧める
　「少し待ってもらってもいい？ よかったら待ってる間にこのワークシート書いてみない？」
(2) 子どもがワークシートに記入する
(3) 書かれたことをきっかけにして，子どもの話に耳を傾け，感情を受けとめる

（吹き出し）部活で仲が悪いっていうのは……。もう少し話してくれる？

（吹き出し）部活でグループに分かれちゃって。私は仲よくしようって言いたいんだけど……

（吹き出し）そんなことがあったんだ。つらかったでしょう。私は，絵美さんすごくがんばってるなあって思うよ

■留意点・コツ
・何も書かない生徒には，抵抗を取り除くようにゆったりと対応し，態度や表情などから，発信しているメッセージを受け取るように努めたい。
・ワークシートに書かれた内容から，来室した問題の中心をさぐる。例えば，何か深刻な悩みや出来事があって援助を必要としているのか，だれかと話をしたいのか，様子をうかがいに来たのかなど。
・深刻な問題をかかえて来室した場合は，ワークシートの記入以前に，そっとして落ち着かせることが必要な場合もある。また，相談担当者との信頼関係がない場合は，ワークシートを書くこと自体に抵抗をもつことも考えられる。無理に勧めることはしないで，「書いてみない？」と促す程度にする。

■子どもの反応
・「聞いてもらっただけで楽になった」「意外な自分の気持ちに気がついた」「書いてみたら違う考え方ができるようになった」「つらさが楽になった」などの感想があった。
・あたりさわりのない話題で様子をうかがう生徒もいる。書かれた内容を信頼関係づくりのきっかけとして有効に使いたい。

「先生！ちょっと聞いてよ」ベスト3

年　　組（氏名　　　　　　　　）※ペンネーム可

👉 **最近あったうれしいこと，ショックでへこんだこと，ちょっと気になっていたことなど，思いつくままに書いてみよう（だれかに見せることはありません。安心してね）。**

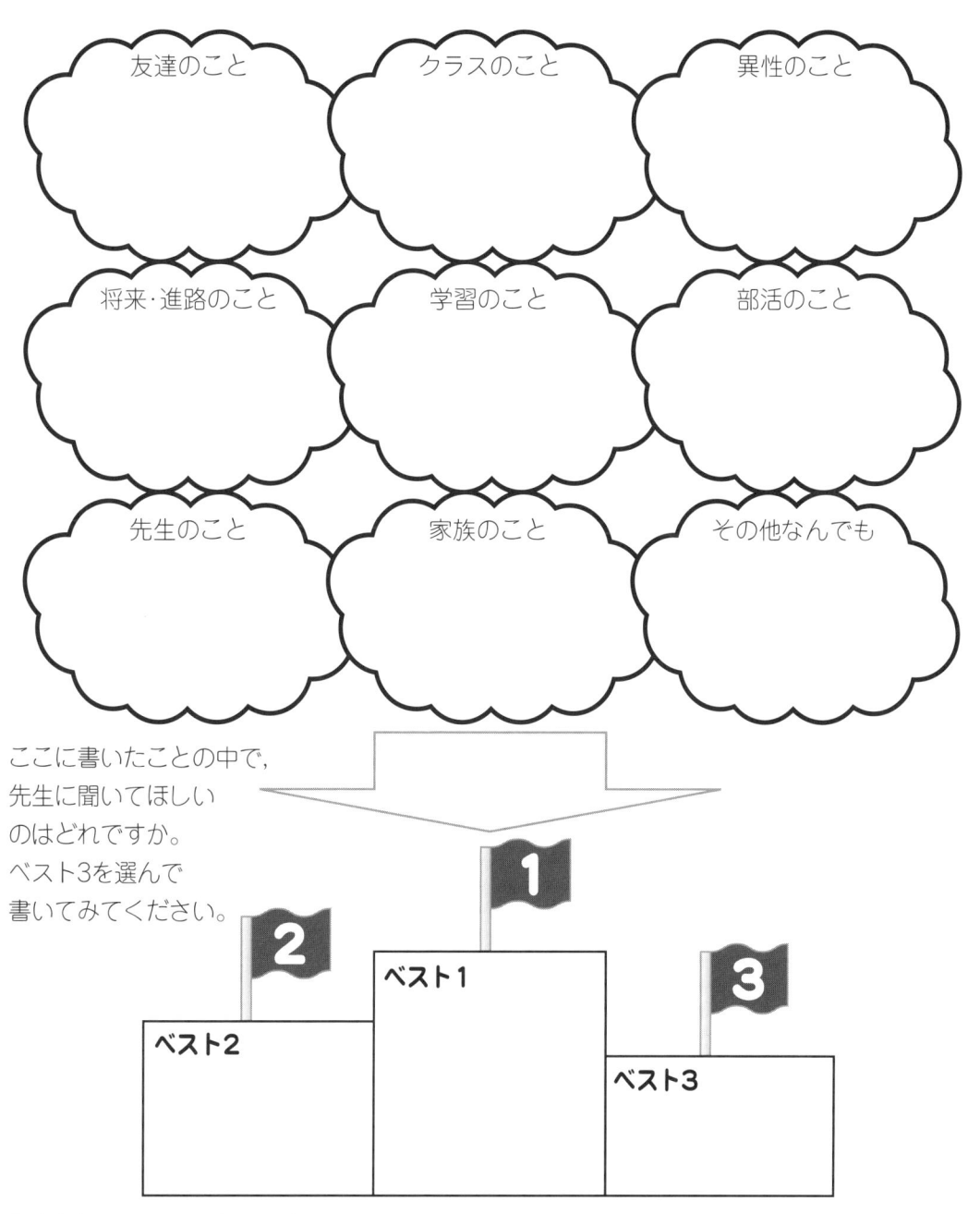

- 友達のこと
- クラスのこと
- 異性のこと
- 将来・進路のこと
- 学習のこと
- 部活のこと
- 先生のこと
- 家族のこと
- その他なんでも

ここに書いたことの中で，先生に聞いてほしいのはどれですか。ベスト3を選んで書いてみてください。

1. ベスト1
2. ベスト2
3. ベスト3

先生と相談してみてどんな気持ちになりましたか。

第2章 子どもとリレーションをつくるエクササイズ

STEP 1 子どもとリレーションをつくるエクササイズ　構えのない一体感を味わう → 自分の思いを自由に表現する

★★ここに来たわけなあに？★★

折舘美由紀

[小学生] [中学生] [高校生]

○ねらい　人間関係の問題でできた心のしこりを話せるような，安心できる関係を教師との間につくる。状況を冷静に把握したり相手の視点で整理したりすることで，わいてくるイヤな気持ちを落ちつかせる。

○対　象　友達とのトラブルが原因で駆け込んで来た子

（イラスト1：「みんな勝手で，文化祭の出しものが決まらないの…」「あらあら，そうなの」）

（イラスト2：「書いてみたらA子たちの気持ちもわかるわ」）

[時間] 20分

■用意するもの
・ワークシート

■進め方
（1）落ちついたらワークシートを勧める
　「深呼吸して」
　「いまの自分の状況を整理してみよう」
　「ちょっと落ち着いた？」
　「だれにも見せないから安心してね」
　「話せなかったら，書くだけでいいよ」
（2）子どもがワークシートに書く
（3）ワークシートをもとに対話する
　①感想を聞き，話のポイントを定める
　　「どうだった。書けた？」とシートに目を通し感想を聞く。「うまく書けなかった」と言うところが本人にとって気になっている場合が多いので，後で必ずふれる。
　②出来事や気持ちを自由に語ってもらう
　③「きっかけ・原因」の部分を振り返る

問題のすべてに関係することが多いので，「大変だったね」と話を引き出す。
　④相手の視点を想像しながら話す
　　相手とのやりとりを通していちばん気になっていることは何か，相手はどう感じているのだろうか，なぜ気になるかを話し合う。自分がもし相手だったらどう感じるだろうかとイメージできるようにする。

■子どもの反応
・順を追って記入するうち，自分の微妙な変化に気づいて冷静に振り返ることができる。
・「もしかしたら自分の勘違いでトラブルになったかもしれない」と気づくことがある。
・もともとの「きっかけ・原因」を見失ってしまったせいで，「つらい，もういやだ」という感情がわいていることに気づく子もいる。

参：安達昇ほか編著『教育技術MOOK みんなとの人間関係を豊かにする教材55』小学館

★ここに来たわけなあに？

どうしたの？
何があったか
順番に書いて
先生に教えてくれる？

① どうしたの？

② それはいつのこと？

③ どこで？

④ だれと？

⑤ 何をしていたとき？

⑥ どうなったの？

ふーっ。深呼吸をすると落ち着くよ。
ひと息ついたら右にすすもう。

（1）きっかけ・原因は？

（2）いま，どうなっている？

（3）相手のことでいちばん気になることは？

（4）相手はどう感じていると思う？

（5）いま，あなたが気になっていること，つらいことは？

（6）このシートを書き始めたときと，いまの気持ちは，どうちがうかな？

あなたの名前：＿＿＿＿＿＿＿＿＿　※ペンネーム可　☆書き終えたら，先生にくわしく話して教えてね

第2章 子どもとリレーションをつくるエクササイズ

| STEP 1 | 子どもとリレーションを
つくるエクササイズ | 構えのない
一体感を味わう | → | 自分の思いを
自由に表現する |

★★★★まほうのゴミ箱★★★★

千葉生子

小学生
中学生
高校生

○ねらい　　自分の苦手なもの，自分に対するマイナスのイメージを伝えることで教師と打ち解けるきっかけをつくる。

○対　象　　何となく覇気が無く，やる気をなくしているような子

時間
20分

■用意するもの
・ワークシート

■進め方
（1）ワークシートの記入を勧める

「私も苦手なものがあるんだけど，○○さんは，どんなものが苦手？よかったら，このシートに書いて教えて」

（2）ワークシートを見ながら会話する
①教師が共感的に話せる点から問いかける

「○○さんは体育が苦手なんだ，私と同じだね」
「私は陸上運動が苦手だったけど，○○さんはどんなものが苦手なの？」

②会話をしながら，気持ちを受けとめる

「器械運動が苦手だって言ってたけど，運動しているときはどんな気持ち？」
「心配で，失敗すると恥ずかしい。人にどう思われるか気になって，楽しくない」

「周りの目って気になるよね」

③いやなことを捨てたときの気持ちを聞く
　マイナスの内容についてだけでなく，いやなことがなくなったときの気持ちも聞く。「やってみようかな？」「できるかもしれないな」という気持ちや自信をがもてるよう方法も話題にする。

■留意点・コツ
・教師も自分のことを話すと抵抗感が減る。
・ネガティブな気持ちに共感してもらえたという安心感をもたせられるようにする。
・会話をしながら一緒に理由を考えることで，教師とのかかわりが深まる。

■子どもの反応
・自分の苦手なことやいやなことは見つけやすいので，すぐに書くことができた。理由を言葉にするのがむずかしい子もいたので，一緒に理由を考えたり，そのときの気持ちを話したりすると教師との会話がふくらんだ。

参：河村茂雄著「楽しい学校生活を送るためのアンケートQ-U・高校用」図書文化

まほうのゴミ箱

年　　　組
名前
※ペンネーム可

いらいらするもの，苦手なこと，できなくてつらいことや自信のないこと，不安に思っていること，かなしいことなど，自分にとっていやなゴミを，まほうのゴミ箱に書いてすてちゃおう！

- 不安なゴミ
- いらいらゴミ
- 苦手ゴミ
- かなしいゴミ
- できなくてつらいゴミ
- 自信のないゴミ

いやなゴミさん　さようなら！　ポイ！

いやなゴミを全部すてられたら，どんな気持ちになると思う？
○でかこんでみよう！

　　すっきり ・ ちょっとふくざつ ・ ちょっともったいない
　　その他（　　　　　　　　　　　　　　　　　）

自分のことばでくわしく書いてみよう！

COLUMN 3

特別な援助ニーズがある子の基礎知識②
LDの基礎知識

菅原正和（岩手大学教授）

　LDは一般的にLearning Disabilitiesの略と思われているが，DSM-Ⅳ*以降はLearning Disordersの略となっており，分類が曖昧だった多動性，注意機能，協調運動機能等の障害はLDの診断基準に含まれていない。文部科学省（1999）の定義ではLearning Disabilitiesの語を用い，読字・書字・算数のほかに聞く・話すの困難を加えていて，医学的な基準とは異なるので注意を要する。

　知能は正常なのに比して，読字・書字，算数の成績とIQが2標準偏差以上離れているときにLD（学習障害）の可能性が高くなる。

　わが国の出現率は正確な調査が乏しく不明であるが，推定で2～4％，米国公立校の出現率は約5％で男子に多く，女子の約4～5倍になっている。日本におけるLDに対する教育支援は未だ不十分な状態にあり，専門的訓練を受けた教員の加配が求められる。

　LDはたんなる学業不振（underachiever）や学習遅進（slowlearner）とは異なり，一生懸命読むが同じ行を読んだりとばしたりする，筆算の桁がずれる，算数の文章題の意味がわからない，鏡文字がなかなか直らない等の症状が顕在化していく。教師や親が気づかない場合には，学年が進むにつれて叱責を受ける機会が多くなる。7～12歳がピークとなり，自己評価が極端に低下したり，いじめの対象にされたりすることがあるので憂慮される。

　DSM-Ⅳでは，LDは読字障害，書字障害，算数障害から成り，読字障害はLDの約5分の4を占めて一番多い。算数障害は約5分の1である。書字障害は単独で発症することはきわめて珍しく，ほかの2つ片方と合併していることが多い。書字障害には，言語，認知，運動の障害を伴うことも少なくない。

　米国の調査では，読字障害の発症率は約4％で，症状が顕著になるピークは小学4年生である。しかし予後は比較的良好であり，成人にいたるまでに多くは改善する。算数障害が顕著になるピークは小学3年生で，発症率は約1％と概算されている。書字障害が明らかになるのは通常小学2年生ごろである。書字の稚拙さのみが単独に見られる場合は，発達性協調運動障害（手先が不器用で，ボタンかけやひも結び，ボール遊び等が上手にできない）の可能性の方が高くなる。

　LDという概念が初めて登場するのは1963年，最初の提唱者はカーク（S.A.Kirk）である。米国でLDの概念が定着してきたのは，その後に全米障害児教育法が制定された1975年ごろからである。それ以前はLDやADHDはすべてMBD（微細脳機能障害：minimal brain dysfunction）という用語で表記され，主たる症候は多動性（hyperkinesis），注意機能・読み書き・計算・協調運動・常同行動・短期記憶・対人関係等の障害とされていた。

*アメリカ精神医学会の精神障害の診断および統計マニュアル第4版

第3章

心の問題を一緒に整理するエクササイズ
～第2段階～

自分自身を不安に追い込む考え方や不適切な行動などのクセに，子ども自ら気づき，教師と共に心を整理。子どもに自らを変える具体的な視点をもたせよう！

1．いろいろな面を知るためのエクササイズ
2．内面に向き合うエクササイズ

第3章　心の問題を一緒に整理するエクササイズ

STEP 2 心の問題を一緒に整理するエクササイズ　いろいろな面を知る → 内面に向き合う

心のお天気日記

大久保牧子

小学生
中学生
高校生

○ねらい　　言語化できない気持ちを，天気に投影して表現できるようにする。継続的に書いた日記を振り返ることで，自分の感情を整理できるようにする。

○対　象　　言葉での感情表現が苦手な子。問題解決の手だてを，相手が変容することに期待している子

■用意するもの
・ワークシート

■進め方
(1) 心のお天気日記を書くことを勧める

　「自分の気持ちをうまくおしゃべりできないみたいね。いまの心の様子をお天気であらわしてみようか？」

時間 10分

(2) 子どもがワークシートに記入する
(3) ワークシートをもとに教師と会話する
　①天気マークから気持ちを受けとめる
　②出来事にふれながら気持ちを整理する
　「そう，友達から無視されたんだ。そのときどんな気持ちだった？」
　「その友達に嫌われているような気がして。私って，みんなにも嫌われているのかなって心配になってきて……」
　「そんな心配な気持ちがあって，今日は雨降りだったんだね」「○○さんは，雨の日はどうしている？　傘をさすよね。心配な気持ちにも傘をさすといいよ」

(4) 明日の心の天気を予報する
　①明日の予報を書くことを勧める
　「天気は変わるものだよね。気持ちも天気と同じで変わるんだよ。今日は雨降りだけど，明日はどうかな」
　②予報が消極的な場合
　「天気予報は雨だけど，予報ってはずれることがあるよね」「もし明日もやっぱり雨降りだったら，先生は傘を用意して待っているからね」と明日を迎えるための勇気を支える
(5) 1週間継続して日記をつけるよう勧める
(6) 1週間後。お天気日記を一緒に振り返り，心の変化に気づかせる
　「友達にどう思われているかいつも気にしている自分に気がついた」

■留意点・コツ
・スムーズに書けない子どもには，お天気マークボックスを示し，「いまの気持ちは，どの天気に近いかな」と問いかける。

■子どもの反応
・「気持ちが整理できた」「スッキリした」「予報を書くと，明日はがんばろうって気になる」「気持ちって天気みたいに変わるね。いまさびしくてもぜったい晴れるよね」

参：安藤尚生ほか「心の天気図」『健康教室』2001年2月号　東山書房，P.59
宗像恒次『行動変容のヘルスカウンセリング』医療タイムズ社

わたしの心のお天気日記

今日のあなたの心のお天気は？
明日の心のお天気予報は？
心のようすをお天気であらわしてみて！
お天気マークボックスを参考にしてもいいよ。

お天気マークボックス
- ☀ にこにこ気分
- ☁ なんかモヤモヤしている
- ⛅ ころころ気分が変わっちゃう
- ⛈ イライラ，はらを立てている
- ☂ かなしい気分
- ☃ なんかさびしい感じ
- 🌈 気分がはればれ
- 🌬 大あれな気分

（　　月　　日　〜　　月　　日　）

曜日	今日の天気	どんなことがあったの？	天気予報
月 MON		♥ うれしかったこと ♠ かなしかったこと ♦ いやだったこと ♣ その他	
火 TUE		♥ うれしかったこと ♠ かなしかったこと ♦ いやだったこと ♣ その他	
水 WED		♥ うれしかったこと ♠ かなしかったこと ♦ いやだったこと ♣ その他	
木 THU		♥ うれしかったこと ♠ かなしかったこと ♦ いやだったこと ♣ その他	
金 FRI		♥ うれしかったこと ♠ かなしかったこと ♦ いやだったこと ♣ その他	
土 SAT		♥ うれしかったこと ♠ かなしかったこと ♦ いやだったこと ♣ その他	
日 SUN		♥ うれしかったこと ♠ かなしかったこと ♦ いやだったこと ♣ その他	

◇自分を見つめてみよう…1週間の心のお天気日記を見て思ったこと何でもいいから書いてみて

第3章　心の問題を一緒に整理するエクササイズ

STEP 2 心の問題を一緒に整理するエクササイズ　いろいろな面を知る → 内面に向き合う

ハッピーウェーブ

川原詳子

小学生
中学生
高校生

○ねらい　過去に対する自分の気持ちや心残りに気がつく。これまでの人生を受け入れて，未来に自信をもつ。

○対　象　面接が必要であるにもかかわらず，本人にその気がなかったり，コミュニケーションがうまくとれない子。面接で何から話していいか整理がつかない子

時間
30分

■用意するもの
・ワークシート
・振り返り用紙

■進め方
（1）ワークシートを渡し，記入を促す

> 来てくれてとてもうれしいよ！
> ○○さんのいまの状況をもっと知って，これからのことを一緒に考えたいんだ。このシートをやってみてくれないかな

（2）例を参考に書き方を説明する
（3）子どもがハッピーウェーブを書く

> 小学生のころって，どんなことをしてたっけ？　何があったかなあ

（4）ハッピーウェーブをながめて話し合う
　年齢を追いながら，その時々の出来事についてどう感じたのかを，子どもの気持ちを受容しながら聞いていく。

> そんなことがあったんだ。いま○○さんはどんな感じがする？

> つらかったんだね。よくがんばったね。先生はうれしいなあ

（5）振り返り用紙に記入する

■留意点・コツ
・対象によっては年齢の目盛りをつけるとよい。
・話し合いの後，未来の部分のウェーブを書かせてもよい。
・時間がたりなくなった場合は，次回の約束をしてワークシートを預かる。
・振り返り用紙の「これからしたいこと」が書けない場合は，無理に書かせず会話の中でフォローする。

■子どもの反応
・「少しめんどうかなと思ったけど，書いて見てみると，いままで気づかなかった自分の考え方や行動のクセがわかった」「自分で悩みが整理できてよかった」などの感想があった。

参：河村茂雄『心のライフライン』誠信書房

ハッピーウェーブ

生まれてからいままでのことを思い出してみよう！

■やり方
(1) まん中の横線に，「0」からいまの自分のトシまでの数字をふっていきます。
(2) それぞれのトシの自分を思い出しながら，幸せのレベルを1本線で表していきます。
(3) その時々にどんなことがあったのか，下に説明を書いていきます。

■書き方の例

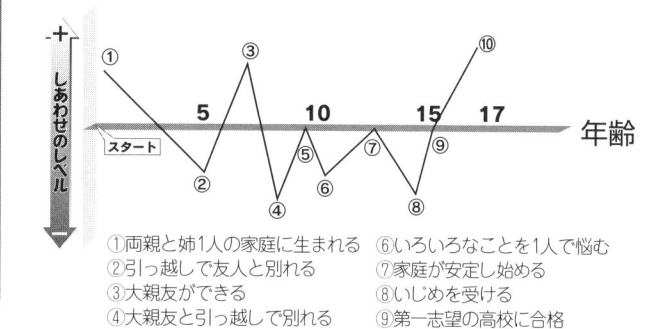

しあわせのレベル ＋／−　スタート　年齢　5　10　15　17

① 両親と姉1人の家庭に生まれる
② 引っ越しで友人と別れる
③ 大親友ができる
④ 大親友と引っ越しで別れる
⑤ クラスの男子にとけ込む
⑥ いろいろなことを1人で悩む
⑦ 家庭が安定し始める
⑧ いじめを受ける
⑨ 第一志望の高校に合格
⑩ 新しい部活で新しい出会い

わたし（名前　　　　　　　　　　）のハッピーウェーブ　※ペンネーム可

しあわせのレベル ＋／−　スタート　年齢

ハッピーウェーブ 振り返り用紙

年　　組　名前

※ペンネーム可

● いまのあなたの気持ちは星いくつ？　右の例を見てぬってね！

☆　☆　☆　☆

もやもや　　★
いまひとつ　★★
まあまあ　　★★★
すっきり　　★★★★

GO!

● その気持ちをくわしく書いて！

GO!

● これからしたいこと

	自分だけでしたい	友達としたい	学校でしたい	先生としたい	その他
（例）子どものころのアルバムを見たい	○			○	親と

COLUMN 4

カウンセリングの技法②
心の問題を整理する技法【繰り返し・明確化・質問】

河村茂雄（都留文科大学教授）

　悩んでいることについては，なかなか理路整然と話せるものではない。話しているうちにいろいろな思いや出来事がこみ上げてきて，話があちこちに跳んでしまったりする。あるいは「その友達はある面では好きなのだが，またある面ではとても嫌い」というような，矛盾したような感情が吐露されることも少なくない。さらに話しているうちに，いままで自分が気づいていなかったことに気づいて，話し始めたときとは内容が大きく変わってしまうこともある。

　子どもから話を聞く場合は，問題の状況や人間関係，それに付随する感情など，より多くの側面に，その子が話しながら気づけるように，教師が会話の流れを方向づけていくことが求められる。さらに，気づいた多くの側面を整理し，解決の糸口を自ら見い出せるように導いていくことが大事である。

　このように，悩んでいる人の心の問題を，会話をしながら整理してあげる技法がいくつかある。

　強く感情移入をして話し込んでいると，自分で何を話していたのか，何を言いたかったのかわからなくなってしまうことがある。このようなとき，「私はあなたの話をこのように理解しましたが，このような理解の仕方でいいでしょうか」と，話の節目で確認するのが「繰り返し」である。相手の話したポイントを整理して相手に伝え返すのである。相手は自分の話した内容を客観的にとらえ直すことができ，自問自答が促進する。

　これと似た技法に「明確化」がある。相手が何となく気づいているのだが，まだはっきりと意識していないか，言うことに抵抗があって言葉に出して言ってはいないところを，先取りして言葉にして伝えるのである。

　例えば，「学校は朝から行かなければいけないですよね」ともじもじしている子どもに対して，「朝，調子が悪いことがあるのかい」と一歩踏み込んで聞くのが明確化である。靴の上からかゆい足をいくらかいてもほとんど効果がないのと同様に，子どもが話の核心の周辺をぐるぐる回るように話していたら，明確化してあげることも必要なのである。

　最後の技法は「質問」である。相手を理解するのに必要な情報を収集したり，事実を確認したりするために，教師も日常的に使っている技法である。ただし，このほかにも2つの効果があることを忘れてはならない。

　1つは，いろいろと話が跳ぶ相手に対して，ポイントとなるところに絞って質問することで，話す内容の方向づけをすることができるという点である。もう1つは，質問すること自体が「私はあなたに関心がありますよ」というメッセージを送ることになり，相手とのリレーションの形成に役立つ点である。

第3章 心の問題を一緒に整理するエクササイズ

STEP 2 心の問題を一緒に整理するエクササイズ　いろいろな面を知る → 内面に向き合う

私の性格チェンジ

細川直宏

小学生
中学生
高校生

○ねらい　うまくやっていけなくなった背景にある自分の心の状態に気づけるようになる。
○対象　自分の感情をうまくコントロールできない子。自分の性格に自信がもてなくて悩んでいる子

（吹き出し）ぼくの変えたい特徴は…　チョキチョキ
（吹き出し）やさしくて…明るくて…　どんどん変えちゃえ！

時間 20分

■用意するもの
・ワークシート，はさみ，のり

■進め方
(1) ワークシートを勧める
　「今日はちょっと面白い変身の道具があるから、やってみない？」「下の性格リストを切り取ってみてね。そして変えたい自分の性格を選んで2の欄にはり付けよう」
(2) 子どもの取り組みをほめる
　①はさみやのりの使い方をほめる
　②ワークシートの「④明日はこんな人に」に書き込むときにアドバイスをする
　「明日はどんなことをしていそうかな」「変わったあなたを見て、みんなどんなふうに思うかな」「3のところを並べただけでもけっこうすてきだよね」
(3) 書き終えたワークシートを一緒に見る
　①番号を追って見ながら、それぞれの部分にプラスのメッセージをおくる
　「自分の性格をこんなふうに思っていたんだね」「これをこんなふうに変えたいんだね。いい表現だなあ」「自分の好きなところもあるんだよね。先生もあなたのこんなところがすてきだなあと思ってるよ」
　②やってみて感じたことを聞く

■留意点・コツ
・はさみやのりを使うと、図工感覚が高まり、抵抗が和らぐ。
・宣誓文書や決意文ではないので、負担感をもつことのないように気をつけたい。

■子どもの反応
・はさみやのりを使うので抵抗感を示す子はあまりいない。チョキチョキチョキとつぶやきながら、かなり積極的に取り組む。
・3のところで自分の性格をどんどん変えるところが楽しかったと言う子が多い。

私の性格チェンジ

名前　　　　　　　　　（ペンネーム可）

② 変えたい いまの私

③ 自分の性格をどんどん 変えちゃうと

④ 明日は こんな人に

5つ選んだら上に
のりではってね。

私の好きなところ

---

① 性格リスト
これを切り取って，変えたい自分の性格を5つ選んでね。

つめたい	おこりっぽい	あきっぽい	いじわる	ぼんやり	よわき
わがまま	じぶんかって	なまけもの	だらしない	いばる	人のせいにする
くらい	おくびょう	しんけいしつ	いじける	まよう	ひがみっぽい

STEP 2 心の問題を一緒に整理するエクササイズ　いろいろな面を知る → 内面に向き合う

ミラクルドリーム

苅間澤勇人

小学生・中学生・高校生

○ねらい　問題解決に向けた効果的なゴールを設定するために，今後自分はどうなりたいかという方向，つまり目標となるものを明確にする。

○対　象　相談室や保健室によく来室して，悩みをかかえている自分の気持ちをよく表現できるようになった子

時間　20分

■用意するもの
・ワークシート，1コマめの見本

■進め方
(1) やり方を説明する
  ①ほかの子どもや教師の作品の中から，見本として1コマめを紹介する。問題を解決して，どうなりたいかを探すエクササイズであることを告げる
  ②最初は1コマめだけかくことを説明する
(2) 子どもがワークシートの1コマめをかく
  ①1コマめがかき終わったら，教師が2コマめに下記のイラストをはり付ける

〔教師がはり込む2コマめ〕

ある夜、あなたが泣きながら寝ていると、夢に坊さんが現れました

悩みが消える呪文を教えるぞ「ヒョウクモトメユ」と三回唱えてみなさい

※子どもが1コマめをかいたらこれをはる

  ②イラストの中の呪文とその意味を確認する。意味は，逆から読むと「夢と目標」

(3) ワークシートの続きを子どもがかく
  ①3コマめには翌朝の様子や気分をかく
  ②4コマめにはその日1日の予想をかく
(4) 完成したシートを見て話し合う
  ①4コマのマンガを見ながら，それぞれのコマについて子どもから説明を聞く
  ②やってみて気づいたことを話し合う

■留意点・コツ
・ほかの人の作品をいくつか用意して見せると，自分のことを考える刺激になる。
・夢や目標を明確にするために，教師はオープンクエスチョン（イエス・ノーだけでは答えられない質問）で質問する。
・肯定的な表現や，具体的な行動が示されるようになると効果が高い。
・ほかの人がすでにかいたマンガをファイルにし，感想を書いて紙上で交流できるようにするとよい。

■子どもの反応
・2コマめは大受けである。しかし3・4コマめをかくのがむずかしく，考える時間が多くなる。
・うまくいくと，遠くにある大きな夢と目前の目標が明確になり，学校生活に意欲が出てくるようである。

ミ★ラ★ク★ル★ド★リ★ー★ム

1. 「いま，こまっていることや悩みごと」をマンガでかいてね。かけないときはふきだしと言葉だけをかいてもいいよ。

かいてみてどんな気持ち？
_____
_____
_____

① [空欄]

2. このコマには先生が特別なマンガを用意するからね。

マンガの中の呪文（じゅもん）を3回書いてね
_____
_____
_____

② このコマは
先生がスペシャル編（へん）を用意しています。
①がかきおわったら声をかけてね。

3. 翌朝（よくあさ）のあなたがどうなっていると思うか，かいてね。
ちょっと説明してね

（例，元気いっぱい，すっきり）
_____
_____
_____

③ [空欄]

4. ③に続けて，その日1日のことをかいてね。

ちょっと説明してね
_____
_____
_____

④ [空欄]

これを友達にみせても　　いい・ダメ
あなたの名前_____（ペンネームでもいいよ）　作った日___年___月___日

第3章 心の問題を一緒に整理するエクササイズ

STEP 2 心の問題を一緒に整理するエクササイズ

いろいろな面を知る → 内面に向き合う

未来へのハッピーパスポート

阿部哲子

小学生 / 中学生 / 高校生

○ねらい　未来の自分を想像することからいまの自分の問題に気づき，解決しようとする意欲を高める。

○対象　いま自分が何をしたらいいかわからずに悩んでいる子

時間　30分

■用意するもの
・ワークシートSTEP 1 「未来発見編」
・ワークシートSTEP 2 「山登り編」

■進め方
(1) ワークシートSTEP1に取り組む
　①未来をいいイメージでとらえることができるように，初めに教師の夢を話す

　「未来のことを考えたことある？先生は10年後はね……」

　②言葉に続けて20個の文章を書く
　　全部書くのはかなり苦しいが，ふだんは見えない自分の思いが表れやすい
　③書けたら，努力を受けとめながら，内容について少し会話する

　「ミュージシャンになるって書いてあるね，どこでどんなふうに演奏してるのかな？」

(2) ワークシートSTEP 2に取り組む
　①STEP1を参考にして，頂上に「なりたい未来の自分」を書く
　②「なりたい未来の自分」に到達するのに必要なことを山道の途中の空欄に書く

　「「なりたい自分」になるには，何ができるようになったり，乗り越えたりすることが必要かな？」

(3) 未来への道程を話し合う
　①ワークシートSTEP2の道程をたどりながら，どんなふうに「なりたい未来の自分」に近づいていくかを聞く
　②いまこれからできそうなことは何か聞く

■留意点・コツ
・子どもが希望するところから話を進めることで，抵抗感を少なくする。

■子どもの反応
・「無理だあ。だって，いまだってなかなか言葉を覚えられないのに，急に英語を覚えられるわけないよ」「言葉を覚えられるようになればよさそうだね」などの会話があった。

参：20答法について，松原達哉編『カウンセリングを生かした授業づくり』学事出版

未来への ハッピーパスポート STEP 1 未来発見編

あなたの名前：＿＿＿＿＿＿＿　※ペンネーム可　書いた日：＿＿年＿＿月＿＿日

下の言葉につづけて，思いつくことをドンドン書いてね。どんな未来が見えてくるかな？

1. 私は10年後には＿＿＿＿＿＿＿＿＿＿＿＿＿＿＿＿＿＿＿＿＿＿＿＿＿＿＿＿＿＿＿
2. 私は10年後には＿＿＿＿＿＿＿＿＿＿＿＿＿＿＿＿＿＿＿＿＿＿＿＿＿＿＿＿＿＿＿
3. 私は10年後には＿＿＿＿＿＿＿＿＿＿＿＿＿＿＿＿＿＿＿＿＿＿＿＿＿＿＿＿＿＿＿
4. 私は10年後には＿＿＿＿＿＿＿＿＿＿＿＿＿＿＿＿＿＿＿＿＿＿＿＿＿＿＿＿＿＿＿
5. 私は10年後には＿＿＿＿＿＿＿＿＿＿＿＿＿＿＿＿＿＿＿＿＿＿＿＿＿＿＿＿＿＿＿
6. 私は10年後には＿＿＿＿＿＿＿＿＿＿＿＿＿＿＿＿＿＿＿＿＿＿＿＿＿＿＿＿＿＿＿
7. 私は10年後には＿＿＿＿＿＿＿＿＿＿＿＿＿＿＿＿＿＿＿＿＿＿＿＿＿＿＿＿＿＿＿
8. 私は10年後には＿＿＿＿＿＿＿＿＿＿＿＿＿＿＿＿＿＿＿＿＿＿＿＿＿＿＿＿＿＿＿
9. 私は10年後には＿＿＿＿＿＿＿＿＿＿＿＿＿＿＿＿＿＿＿＿＿＿＿＿＿＿＿＿＿＿＿
10. 私は10年後には＿＿＿＿＿＿＿＿＿＿＿＿＿＿＿＿＿＿＿＿＿＿＿＿＿＿＿＿＿＿＿
11. 私は10年後には＿＿＿＿＿＿＿＿＿＿＿＿＿＿＿＿＿＿＿＿＿＿＿＿＿＿＿＿＿＿＿
12. 私は10年後には＿＿＿＿＿＿＿＿＿＿＿＿＿＿＿＿＿＿＿＿＿＿＿＿＿＿＿＿＿＿＿
13. 私は10年後には＿＿＿＿＿＿＿＿＿＿＿＿＿＿＿＿＿＿＿＿＿＿＿＿＿＿＿＿＿＿＿
14. 私は10年後には＿＿＿＿＿＿＿＿＿＿＿＿＿＿＿＿＿＿＿＿＿＿＿＿＿＿＿＿＿＿＿
15. 私は10年後には＿＿＿＿＿＿＿＿＿＿＿＿＿＿＿＿＿＿＿＿＿＿＿＿＿＿＿＿＿＿＿
16. 私は10年後には＿＿＿＿＿＿＿＿＿＿＿＿＿＿＿＿＿＿＿＿＿＿＿＿＿＿＿＿＿＿＿
17. 私は10年後には＿＿＿＿＿＿＿＿＿＿＿＿＿＿＿＿＿＿＿＿＿＿＿＿＿＿＿＿＿＿＿
18. 私は10年後には＿＿＿＿＿＿＿＿＿＿＿＿＿＿＿＿＿＿＿＿＿＿＿＿＿＿＿＿＿＿＿
19. 私は10年後には＿＿＿＿＿＿＿＿＿＿＿＿＿＿＿＿＿＿＿＿＿＿＿＿＿＿＿＿＿＿＿
20. 私は10年後には＿＿＿＿＿＿＿＿＿＿＿＿＿＿＿＿＿＿＿＿＿＿＿＿＿＿＿＿＿＿＿

未来への ハッピーパスポート STEP 2 山登り編

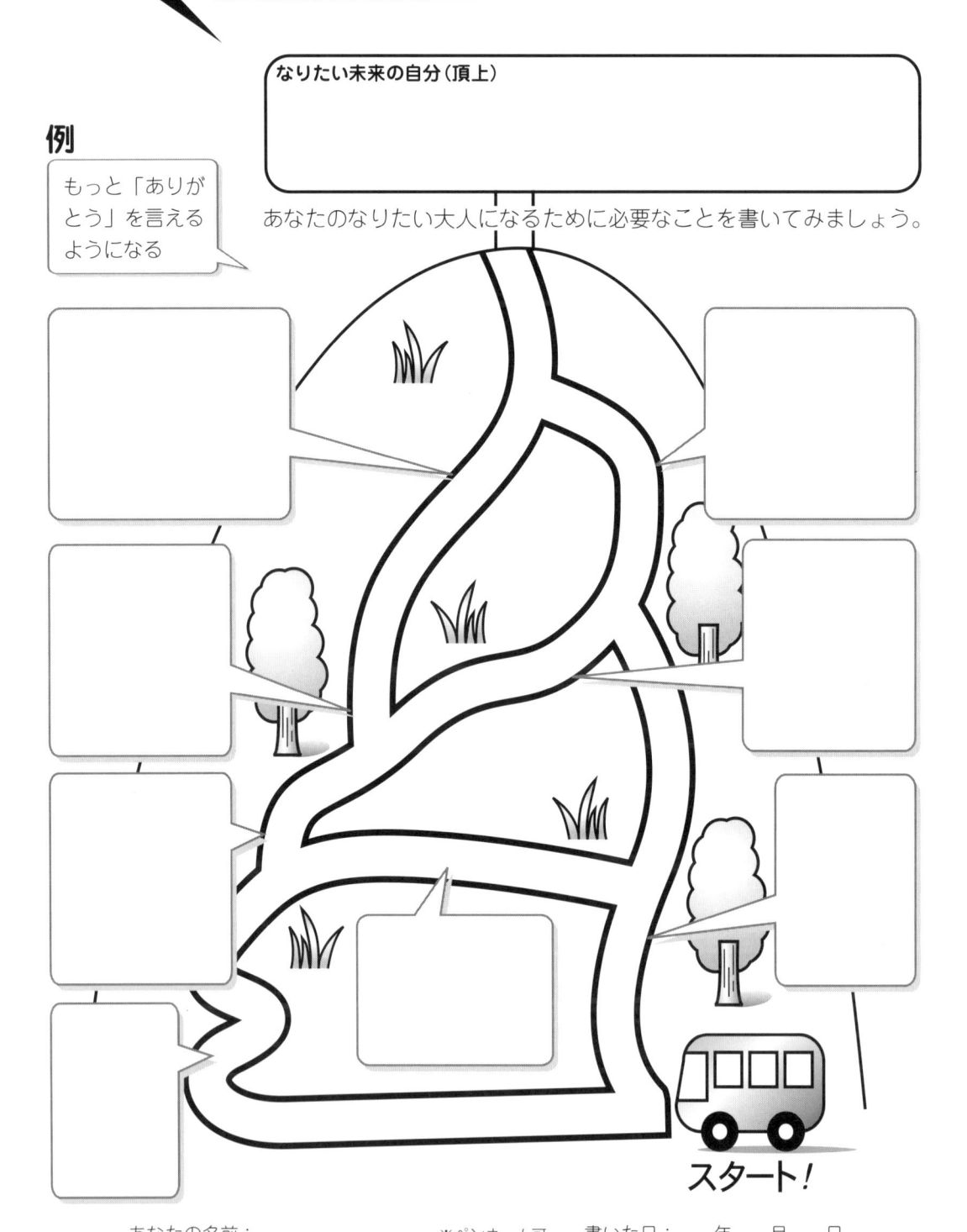

なりたい未来の自分（頂上）

例
もっと「ありがとう」を言えるようになる

あなたのなりたい大人になるために必要なことを書いてみましょう。

スタート！

あなたの名前：＿＿＿＿＿＿＿＿　※ペンネーム可　書いた日：＿＿年＿＿月＿＿日

私の実践紹介

雑誌の思い出から始める自己開示

南方真治（和歌山県立和歌山工業高等学校教諭）

生徒と2人での共同コラージュ作り

　私は高等学校の教育相談室で相談係を担当しているが，ここでの実践例を紹介したいと思う。

　教育相談室を訪れる生徒の趣味や興味は多種多様であり，私と生徒たちの年齢が離れるほど距離感を感じる。しかも担任から連れて来られた来談意志の少ない生徒や寡黙な生徒と，人間関係をとるのはむずかしく，趣味や興味の話をすることさえ困難を感じる。

　そこで考えたのが「雑誌の思い出」である。生徒と私がそれぞれの興味や趣味に合った本を持ち寄り，雑誌にまつわる思い出や趣味のことを話す。さらに，その雑誌を使って共同でコラージュを完成させるのである。共同コラージュを作りながら「雑誌の思い出」を話し合うことによって，生徒の理解が深まったり，私との距離感が縮まったりする。

　実例をあげて説明する。生徒には「相談室に自分が興味のある本を持って来ていいよ，ただしいらなくなった本を持って来てね」と言い，相談室に自分の好きな本を持って来ることを勧める。私は私で，趣味のパソコンやギターの雑誌を持って来る。私はその雑誌を見ながら生徒に「このころね，パソコンを作ろうとしたけど結局壊してしまってね」とか「この歌がはやっていたときに子どもが生まれてね」などと，こちらから自己開示を始める。そして，まずは私が1人でコラージュを作る。その様子を見せながら，生徒にコラージュを勧めてみるのである。

　生徒が興味を示したり，話に乗ってくればしめたもの。生徒自身が持って来た雑誌を見ながら，その雑誌の思い出の話が出たり，話題が広がったり，思いがけない私との共通の話題を見つけたりすることがある。さらに共同コラージュを作ることによって，距離感がほどよく縮まり，いい感じの人間関係をつくることができるのである。

背中のテレパシー

吉田佳子（杉並区立杉並第三小学校教諭）

学級との絆をつなぐ

　学年が上がったことで不安をもち，「一生懸命に仕事をやっているのに友達が何もしてくれない」と，なかなかクラスにとけ込めない子であった。週前半に登校を渋ると，後半はずるずると休みがちになった。友達からの距離が開き始め，このままだと完全に不登校の状態になることが心配された。そこで，気持ちを和らげて友達とのよい関係をつくってほしいという願いから，エンカウンターのエクササイズを学級でいくつか実践した。

　その1つが「背中のテレパシー」である。2人がぴったりと背中合わせになって，送信人と受信人を決める。送信人は1～5の数字から1つを選んで，背中を通して強いパワーで1分間送り続ける。受信人は背中全部を耳にして，送られてくる数字を聞く。送った数字，送られてきた数字は言葉ではなく指を使って確かめ合う。

　数字があたった場合は，「あたった」という感激に続いて「不思議」という感情が出てくる。するともう一度確かめてみたくなり，2人の関係が自然と近くなる。またはずれてしまった場合でも，「残念」と落胆はするが，「どうして伝わらなかったのだろう？」と疑問がわき，もう一度確かめてみようと2人の気持ちが高まってくる。振り返りの中で，言葉を用いないでも気持ちが通じ合うことに気づくと，友達との日常のとりとめのない会話に，態度や言葉に表さない人を思う心があることに気づくようになっていった。

　この後は週の前半から休むことが減り，表情も徐々におだやかになってきた。分担された仕事ではリーダー的な役割を果たすようになり，進級の前には「私の気持ちを和らげてくれたのは友達のおかげ」と感謝のメッセージが教師に届けられた。

　日常的な子どもと教師の関係を大切にして，その子の状態や，周りの子どもが対応している様子に気を配ったり，ふだんから学習ノートにひとことを添えたりすることも大切である。

第3章 心の問題を一緒に整理するエクササイズ

STEP 2 心の問題を一緒に整理するエクササイズ　いろいろな面を知る → 内面に向き合う

めちゃ×2「したいこと」ランキング

仲手川　勉

小学生
中学生
高校生

○ねらい　自分が今後どうなっていきたいかに気づき，未来に向かって前向きに生活していく気持ちを味わう。

○対　象　先生や友達とある程度のかかわりをもつことができ，進級や卒業を控え未来に対する不安や期待で少し心がゆれてる子

■用意するもの
・ランキングシート×3枚
・ランキングカード
　（予備の白紙カードもいくつか用意）
・のり，はさみ

■進め方

時間 20分

(1) ランキングシートに題名を書き入れる
(2) ランキングカードの「1.これからしたいと思っていること」を切り抜く

　　たくさんあるなあ　どんどん切り抜こう

(3) 切り抜いたカードをランキングシートの気持ちとピッタリの□に置く

　　私，これ，めちゃめちゃやりたいわ！

(4) たしかめてOKだったらのりではる

　　こっちのほうがしたいかな？いや，これで決定だ！

(5) ランキングをしてみた気持ちをシートに書く
(6) 「2.将来してみたい仕事」「3.こんな人になりたい」についても同様に行う
(7) できたものを見ながら話し合う

■子どもの反応

・10分くらいで終える子もいる。しかしその後の話し合いでいったんはったものをはりなおすこともある。

・めちゃ×2やりたいことを，1では「昼寝」2では「フリーター」，3では「積極的な人になりたい」とはった子が，話し合いのときに1と2を変更したいと言ってきた。思っていることを目に見える形にすると，そこから気づくことも多い。

・見せたがらない子と見せたがる子がいる。それぞれの気持ちを尊重する。

・感想欄の「その他」の記入にその子らしさが出ていることがある。

めちゃ×2 ランキング！

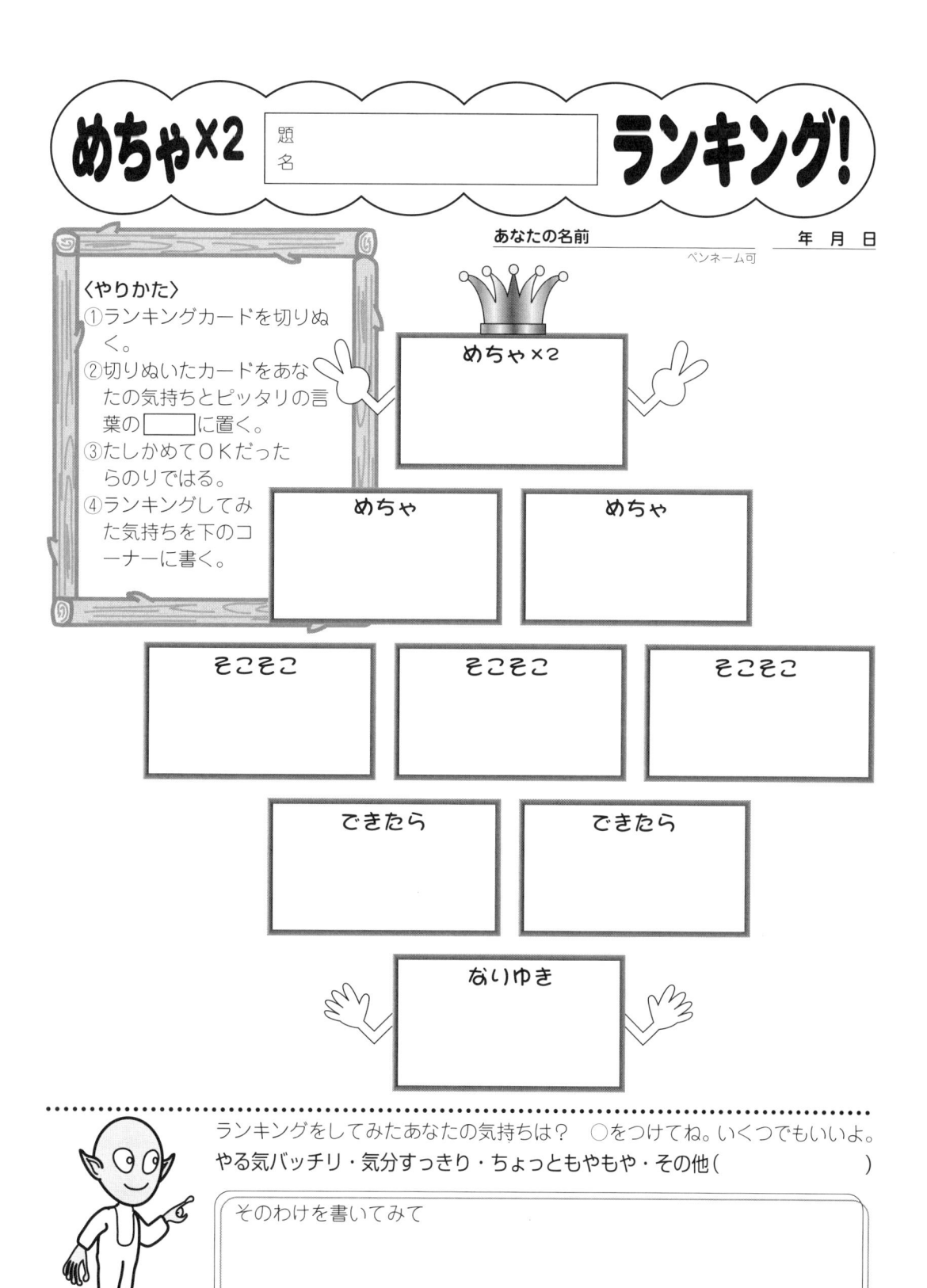

題名 _____

あなたの名前 _____ ペンネーム可　　年　月　日

〈やりかた〉
① ランキングカードを切りぬく。
② 切りぬいたカードをあなたの気持ちとピッタリの言葉の☐に置く。
③ たしかめてOKだったらのりではる。
④ ランキングしてみた気持ちを下のコーナーに書く。

めちゃ×2

めちゃ　　　めちゃ

そこそこ　　そこそこ　　そこそこ

できたら　　できたら

なりゆき

ランキングをしてみたあなたの気持ちは？　○をつけてね。いくつでもいいよ。
やる気バッチリ・気分すっきり・ちょっともやもや・その他（　　　　）

そのわけを書いてみて

☆終わったら声をかけてね

ランキングカード　次のカードを切りぬいてランキングシートにはりましょう。

1.これからしたいと思っていること

好きな教科の勉強	ベッカムみたいにサッカー	好きなだけゲーム	友達と旅行	大声で笑う
人に感謝されるボランティア	究極の料理	家族が喜ぶお手伝い	かっこよく英会話	夕日に向かってバカヤロー
のんびりしたい	草原でひるね	めいっぱい夜更かし	親友とのおしゃべり	家具を作る
パソコンでメール	じっくり読書	マスコット作り		

2.将来してみたい仕事

会社員	スポーツ選手	学校・幼稚園の先生	俳優	声優
歌手	カウンセラー	美容師	花屋	ケーキ屋
政治家	医者	アナウンサー	ペットショップ	弁護士
新聞記者	プログラマー	芸術家		

3.こんな人になりたい

やさしい人	さわやかな人	はっきりしている人	明るい人	ユーモアのある人
しっかりしている人	笑顔のにあう人	心の広い人	前向きな人	親切な人
頼りになる人	積極的な人			

私の実践紹介

3つの動物

下権谷久和（岩手県立平舘高等学校教諭）

構えなくても自分を語れる関係づくり

　中学3年のとき不登校だったA子は、高校に入学して3日目の放課後、担任である私のところへ「クラスになじめない」と相談をもちかけてきた。

　私は、A子の心にひっかかっているものは何か、A子の言動や行動から読み取れるものはないか、を解釈しようと試みた。しかし、A子はうつむいたまま悲しい表情で話し、同じクラスの生徒に対しても悲観的な気持ちをいだいていた。

　信頼関係が確立されていない状態では、A子はだれと話をしてもなかなか本音で話すことができないだろうと思われた。私はコミュニケーションをとるためのきっかけを探していた。

　そこで、以前にクラスのリレーションづくりに活用した「3つの動物」を試してみることにした。3つの動物とその特徴を思い浮かべ、それを通して自分を振り返るという内容の活動である。

　A子は2つめの動物に"ネコ"をあげ、特徴の1つに「鋭い目をしている」と答えた。私はこの点をとくに取り上げて会話を続けた。すると、これをきっかけにA子との会話が広がり、ネコの特徴を通していろいろなことを話してくれた。

　会話の中から私は、A子が自分に自信をもてないでいること（家族との関係も影響）、クラスの生徒が常に悪口を言っているように感じて悲観的になっていること、人とのかかわり合いで自分を表現するのが苦手なことに気づいた。そして、A子が自分では意識していないこれらのことを、何気なく受け入れていけるようにすることが重要だと感じ、非常に注意を配りながら伝えてみた。A子は、そういう自分も受け入れることができた。

　このときをきっかけに、A子と私は本音で無理なく語ることができるようになっていった。その後のA子は表情が明るくなり、相手の目を見て話し、自分をうまく表現しようと努めるようになった。本人の笑顔と「いまは無理していない」という言葉が、A子の大きな変化を表しているといえる。

描画法を生かして

安齊順子（静岡大学非常勤講師）

子どもの感じ方を理解する補助技法として

　スクールカウンセラーとして活動しているときに、生徒たちが相談室にやってくる。生徒の話を聞くのは当然だが、生徒たちの心の問題の背景を知るのに描画をかいてもらうのはよい方法である。

　私はバウムテストやHTP、風景構成法などを用いている。画用紙やクレヨンは学校でも手に入りやすい材料であり、話をしながらかいてもらうと意外な話が飛び出すものである。子どもは思っていることをすべてうまく言語化できるわけではないので、補助的技法として絵画を用いて自己表現を補助するのである。

　バウムテストはカール・コッホが1949年に創始した。「実のなる木の絵をかいてください」と教示してかかれた木の絵から人格を解釈していく。

　HTPはバックによって創案された心理テスト技法。家、木、人を3枚別々にかくものだが、筆者は1枚に描く統合型HTPを利用している。

　風景構成法は精神科医・中井久夫によって創案された心理テスト技法。「川、山、田、道、家、木、人、花、動物、石」を順に1枚にかいていく。鉛筆、マジックなどでかいた後、彩色を行う。彩色の後、天候、時刻、人物の性別、年齢、何をしているところかを質問し、話し合いを行う。

　カウンセリング室に来たある生徒。その生徒は家の装飾を執拗にていねいにかいていた。その絵は担任が家庭訪問をしたときの印象と一致していた。その絵は、過剰に外聞を重視する母親の性格を示していたことが後にわかった。家庭の状況を生徒がどう感じているのか、考えているのかをカウンセラーとともに考える一助として、その描画は非常に役に立ったのである。

〈参考文献〉

C．コッホ『バウム・テスト』日本文化科学社

高橋雅春『描画テスト入門・HTPテスト』文教書院

皆藤章『風景構成法』誠信書房

第3章 心の問題を一緒に整理するエクササイズ

STEP 2 心の問題を一緒に整理するエクササイズ　いろいろな面を知る → 内面に向き合う

私のハードルチェック

品田笑子・武藤榮一

小学生
中学生
高校生

○ねらい　　周りの友達とのつきあいに自分がどんな願いやむずかしさを感じているか整理する。またハードルの解消方法を考えることで，人とかかわる意欲を高める。

○対　象　　友達づきあいの苦手な子。仲よくしたい気持ちはあってもうまくいかない子

時間 20分

■用意するもの
・ワークシート

■進め方
(1) ワークシートを渡し，記入を促す

（吹き出し）私も子どものころそうだったけど，○○さんにも，仲よくしたいのにうまくいかない友達っているよね

（吹き出し）今日は友達と仲よくなるためのハードルをチェックしてみない？

(2) ワークシートに，仲よくなりたい友達とハードルをかく
　①1つ1つのハードルについて具体的な場面がイメージできるよう質問する
　　「『ときどきたたかれる』って例えばどんなときなのかな。最近あったことを教えてくれる？」
　②仲よくなりたいわけを聞く
　　「太郎君と仲よくなりたいのはどうして？」
(3) いちばん仲よくなりたい人との間にあるハードルを越えるための作戦を話し合う
　①子どもの考えた作戦を吟味する
　　「太郎君と仲よくなるためには2つのハードルがあるね。1つめのハードル『ときどきたたかれる』を越える作戦は『逃げる』ってあるけど，その方法で仲よくなれそうかな」
　②2人で作戦を完成させる
　　「『たたかれたときにわけを聞く』には，どんな聞き方がいいかな。ちょっと2人でやってみようよ」
(4) やってみた気持ちを聞く
　　「ハードルを越える作戦を考えてみて，いまどんな感じがする？　明日太郎君に会ったらどうかな？」

■留意点・コツ
・時間があればほかの友達との作戦も考える。
・作戦をカードにまとめて「お守り」の形にしてもよい。
・ハードルや解決方法を整理する前と後の気持ちの違いに着目し希望を抱かせる。

■子どもの反応
・「困ったけど楽しかった」「思ったよりハードルが少ないと思った」「気まずい友達がいたけど，理由がわかったので大丈夫」

参：亀口憲治『現代家族への臨床的接近』ミネルヴァ書房

私のハードルチェック

1. ☐に「なかよくなりたいな」と思っている人の名前を書きましょう。
   ニックネームやイニシャルでもいいですよ。
2. その人と自分の関係を思い出し、仲よくなるために越えなければいけないハードルがあったら例にならって書きましょう（ハードルはいくつでもいいです。ない人もいます）。

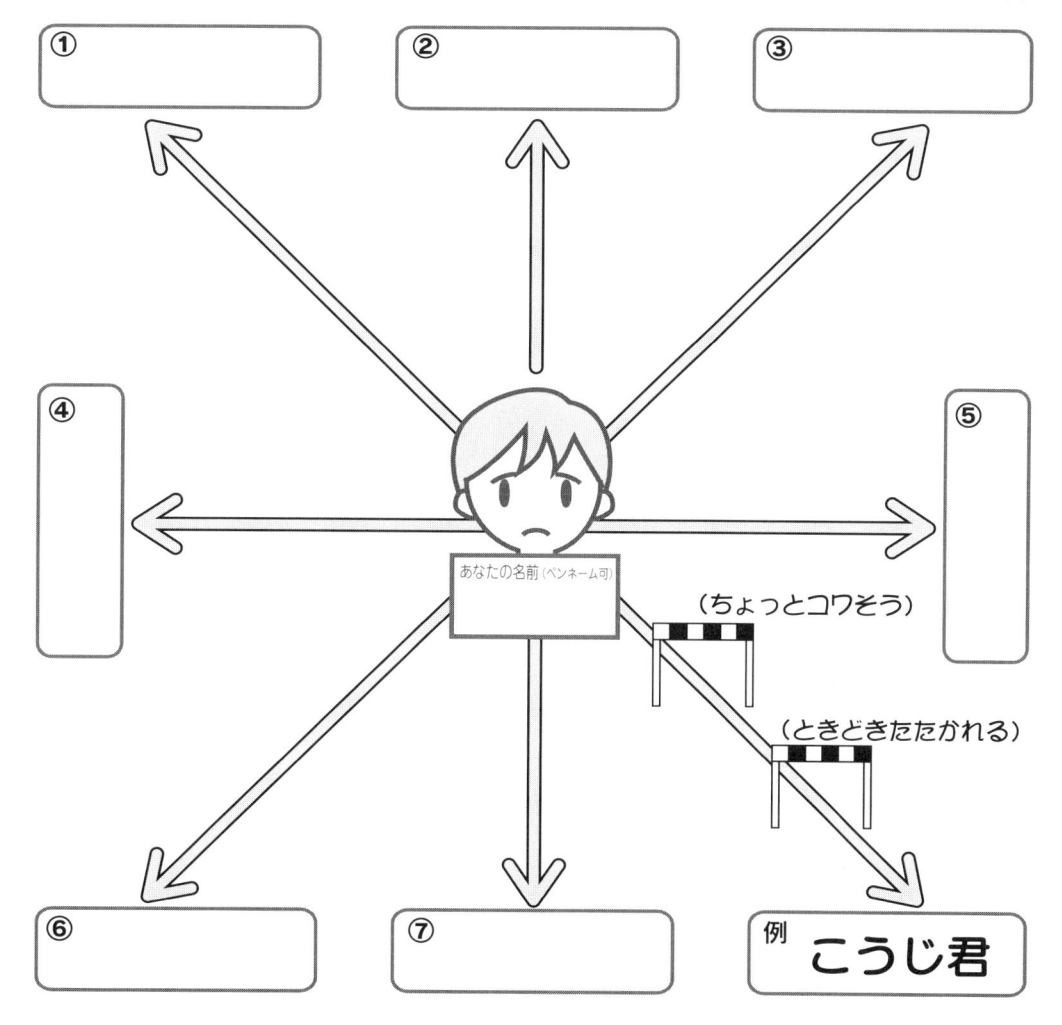

① ② ③

④ ⑤

あなたの名前 (ペンネーム可)

（ちょっとコワそう）

（ときどきたたかれる）

⑥ ⑦ 例 こうじ君

3. あなたがいちばんハードルを越えたい人はだれ？

4. あなたの考えたハードルを越える作戦

☆ここまで書いたら先生に教えてね

第3章 心の問題を一緒に整理するエクササイズ

STEP 2 心の問題を一緒に整理するエクササイズ　いろいろな面を知る → 内面に向き合う

「ハッピー度」グラフ

米田　薫

小学生
中学生
高校生

○ねらい　　現在の生活をより幸せなものにするための指針をつかむ。
○対　象　　なぜだかわからないが満たされない気持ちがある子。希望をとくにもっていない子

ホカホカ度　やったぜ度　わくわくイキイキ度　のびのび度

時間 30分

■用意するもの
・ワークシート
・記入済みワークシート

■進め方
(1) ワークシートに取り組む
　「人間にはいろいろな欲求があって、それぞれのバランスをうまく取って満たすとハッピーになれるんだ。少し考えてみない？」
　「話だけ聞いて『時間がかかりそう』とか思ったら、家に持って帰ってやってきてくれてもいいよ」
　「私の書いたものを見てもらいながら説明しようか？」
(2) ワークシートを見て話し合う
　①書いたものを見て一緒に考えてみる
　②援助者が気づいていて子どもが気づいていないことがあれば、そのことにふれ、ワークシートを書き足していく
　③抽象的に書かれていることがあれば、具体的なものにしていく

■留意点・コツ
・援助者が自己開示して、わかりやすい例を豊富に示す準備をしておくとよい。
・子どもの個々の現状と願望をていねいに聞く機会にする。
・充実した生活を築いていく一里塚にするものなので、継続した取り組みが必要である。次回の約束を取りつけたい。

■子どもの反応
・自分の中の気がつかなかったところや漠然としていた取り組むべきところがはっきりして、前向きになれる子どもが多い。

参：ウイリアム・グラッサー著・柿谷正期訳『グラッサー博士の選択理論』アチーブメント出版

「ハッピー度」グラフ

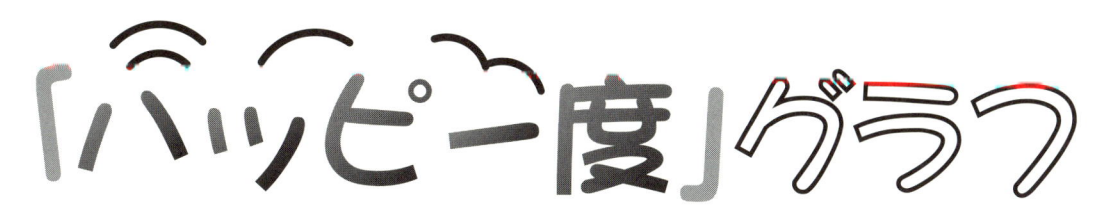

人間は自分の中にあるいろいろな欲求（願い）をバランスよく満たすと幸せになれます。次のグラフを順番に完成させながら、あなたのハッピー度をチェックしてみませんか？

あなたの名前 _____（ペンネーム可）　　記入日　年　月　日

1　身近な人との「ホカホカ度」グラフ

あなたの幸せに関係ある人はだれかな？　家族、学校や教室の友達、先生、その他から1人ずつ選びます。次に、お互いの関係をチェックし、グラフに色をぬりましょう。その理由やホカホカ度をアップする方法も書いてね。

家族 [　　　]　0 ——— 50 ——— 100
　　　　　　　　最悪　　ふつう　　めちゃホッカホカ

その理由は？ _____

「ホカホカ度」アップのためにできることは？ _____

友達 [　　　]　0 ——— 50 ——— 100
　　　　　　　　最悪　　ふつう　　めちゃホッカホカ

その理由は？ _____

「ホカホカ度」アップのためにできることは？ _____

先生 [　　　]　0 ——— 50 ——— 100
　　　　　　　　最悪　　ふつう　　めちゃホッカホカ

その理由は？ _____

「ホカホカ度」アップのためにできることは？ _____

その他 [　　　]　0 ——— 50 ——— 100
　　　　　　　　最悪　　ふつう　　めちゃホッカホカ

その理由は？ _____

「ホカホカ度」アップのためにできることは？ _____

2　あなたの「やったぜ度」グラフ

勉強, スポーツ, 趣味, クラブなどで, 「やったぜ」「できた」という気持ちはどれくらいあるかな?

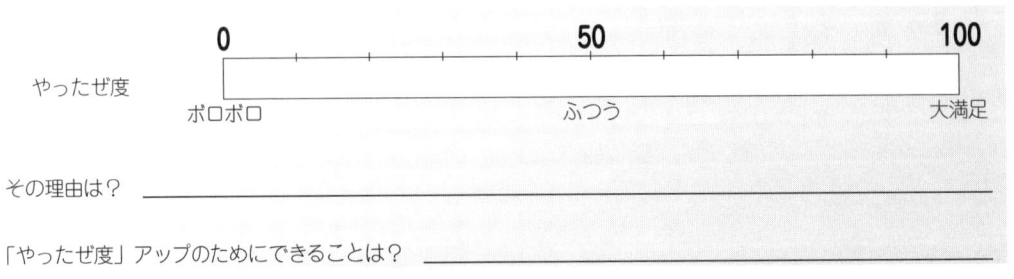

やったぜ度　0　　　　　　　　　　50　　　　　　　　　　100
　　　　　ボロボロ　　　　　　　　ふつう　　　　　　　大満足

その理由は? _____

「やったぜ度」アップのためにできることは? _____

3　あなたの「わくわく・イキイキ度」グラフ

あなたの「遊びたい」「学びたい」「人生を楽しみたい」という気持ちは, どのくらい満足できているかな?

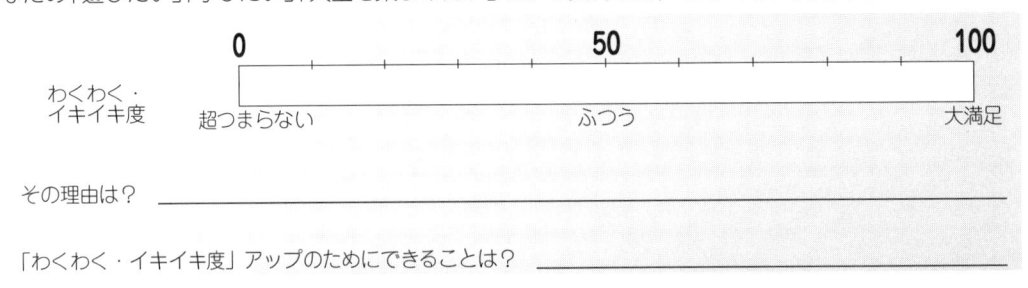

わくわく・イキイキ度　0　　　　　　　　　　50　　　　　　　　　　100
　　　　　　　　超つまらない　　　　　　　ふつう　　　　　　　大満足

その理由は? _____

「わくわく・イキイキ度」アップのためにできることは? _____

4　あなたの「のびのび度」グラフ

あなたの「自由でいたいなあ」という気持ちは, どれくらい満足できていますか

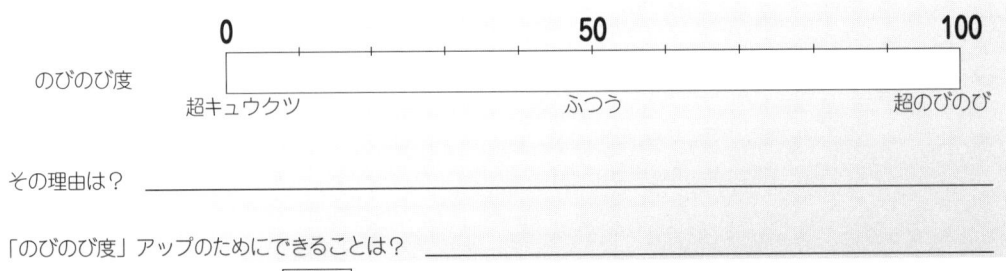

のびのび度　0　　　　　　　　　　50　　　　　　　　　　100
　　　　　超キュウクツ　　　　　　ふつう　　　　　　　超のびのび

その理由は? _____

「のびのび度」アップのためにできることは? _____

ジャ〜ン ⬇ **あなたのハッピー度を総合してみよう!**

5　あなたの「ハッピー度」グラフ

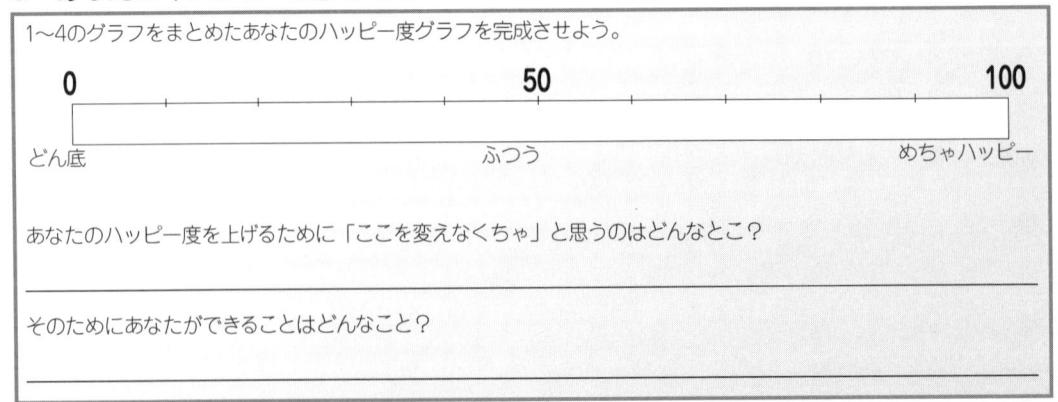

1〜4のグラフをまとめたあなたのハッピー度グラフを完成させよう。

0　　　　　　　　　　50　　　　　　　　　　100
どん底　　　　　　　　ふつう　　　　　　　めちゃハッピー

あなたのハッピー度を上げるために「ここを変えなくちゃ」と思うのはどんなとこ?
_____

そのためにあなたができることはどんなこと?
_____

私の実践紹介

粘土投げ

簗瀬のり子（矢板市立矢板中学校教諭）

迷惑かけずにストレス解消

　イライラすると壁やドアを蹴ったり，周囲の生徒に八つ当たりするような生徒や，外には出さないが不満をもつとずっとかかえ込んでいるような生徒，つまり，ストレス解消の下手な生徒に，だれにも迷惑をかけずストレスを発散させ，すっきりさせるために行っている実践である。

　相談室の壁に大きなホワイトボードを縦長に取り付ける。かなり衝撃がかかるのでしっかり取り付けておく。土粘土を準備しておく。土器作り用の市販の物。ただし，多少乾いて硬めの状態で使った方が始末がよい。柔らかいままだとぶつけた手応えは面白いのだが，飛び散って後始末が大変である。ホワイトボードの周りに新聞紙をはったり，下に敷いておくなど片づけの準備をしてから始める。

　土粘土を適量ちぎって，ホワイトボードめがけ思いっきり投げつけさせる。このとき，「頭きたー」「無視すんなよ！」「自分ばっかり威張ってるんじゃねー」などと，苛立っていることや不満を言葉にして，言葉も投げつけさせることがポイントである。1つの粘土を投げきったら，ホワイトボードから剝がしてきて気がすむまで繰り返す。いら立っていることを絵や文字でホワイトボードにかいて，そこへ投げつける生徒もいる。

　「ああ，すっきりした」「疲れた」「面白かった」「またやらせてね」などと言って，生徒たちは帰って行く。1度経験した生徒は，2度3度とやって来る場合が多い。傍目には適応しているようにみえる大人しくてまじめな女子生徒に希望者が多い。数回体験した生徒の中には，「今回は，粘土投げしなくても大丈夫」とか，逆に「粘土投げしてもおさまらない」などと，自分のストレスを把握できるようになる者もいる。

　生徒だけではやらせず担当者が必ずついていること，相談室で起こったことは外にもち出さない秘密厳守であることは，当然の配慮事項である。

保健室の「落がきノート」の活用

折舘美由紀（岩手県立雫石高等学校養護教諭）

保健室を訪れる，すべての子どもたちへ

　保健室利用の多い生徒に養護の仕事の手伝いをお願いしているが，いつも仕事があるわけではない。そんなとき生徒は，椅子の脇にある「落がきノート」を開いていることがある。

　生徒はスケッチブックを利用した「落がきノート」を手にとり，自分が表現したいことをどんどんかくときと，ほかの生徒のかいたところを1枚1枚めくって読んでから，それに答えるようにかいていくときがある。一度かき始めると，共同の筆入れから，さまざまな色と形態のペンをとって，詩，手紙，イラストなどを想いのままにかいている。

　私も「落がきノート」の内容を時々読むが，生徒たちの本音がビッシリと記されている。まさに生徒たちの「心の叫び」ノートであると感じる。またメッセージに返事があり，幾度かのやり取りが続き，お互いを励まし合う交流が見られ，うれしくなることもある。

　生徒たちの「心の叫び」を広げたいと考えて保健だよりに「落がきノート」のメッセージをシリーズで載せている。たよりを読んだ生徒が，保健室に来て「悩んでいること，感じていることって，みんな同じなんだね」などと話し，私はそれも「落がきノートにかいて」と勧めることもある。ある生徒に読んでもらいたいメッセージがあるときは，来室時を見計らって目につく所にさりげなくノートを開いておき，自然とノートに目がいくよう働きかけることもある。表現が苦手な生徒も，表現したいという想いと葛藤している。そんなときは，その生徒のマークを作り，ページの角にマークをかき込むことを勧める。メッセージの交流はないが，ほかの生徒と一緒に「落がきノート」を作っている一員としての喜びがもてるようである。

　「落がきノート」の実践から，自由に表現すること，メッセージをやり取りすることが，だれかとつながっているという気持ちをもたせ，生徒の心のバランスを整えていることを感じている。

私の実践紹介

「なんでもノート」がむすぶ絆

岩田幸子（岩手県立盛岡商業高等学校養護教諭）

保健室登校経験者の先輩に支えられて

保健室登校の生徒からは「自分を受けとめてほしい」というメッセージが伝わってくる。そんな思いを受けとめるために私は『なんでもノート』を活用している。表紙に「心の中のどんなことでもいいよ。このノートにぶつけてごらん」という言葉を書き、生徒の目にふれやすい机の上に置いている。

保健室登校の1年A子は、最初はほかの生徒が書いた「なんでもノート」を読むだけだった。しかしあるとき、「悩んでいるのは自分だけじゃないということがよくわかりました」と、A子の気持ちがノートに書かれていた。

保健室登校から教室復帰した生徒は、1日1回昼休みや放課後に来室して元気な顔を見せたり、ちょっと不安なことを訴えたりする。3年生のB子も保健室に来てはこのノートを見ていた。そして自分と同じように苦しむA子に「あせらないで、大丈夫だから」とメッセージを書き続けていた。

1か月がすぎたころ、A子はB子に会いたいと私に告げた。B子にそれを伝えると快諾した。私とB子は、A子に接するときの留意点を話し合い、昼休みや放課後を利用して15分くらい話すようになった。

A子に対しては相談課や担任と少しずつ教室復帰を支援し始めていたが、B子の支えで思ったより早く教室に入れるようになった。SHR、1時間目だけと教室に出られるようになり、徐々に時間をのばしていった。その間もB子は放課後に保健室に来てA子にねぎらいの言葉をかけた。

A子は保健室登校を始めて8か月で教室に完全復帰した。復帰後も放課後は毎日保健室を訪れ、部活動のことや勉強のことを話した。「今後は後輩が苦しんでいたら私が支えてあげるんだ」と言っている。A子を支えたB子も1年生のとき、保健室登校から教室復帰した当時3年のC子の支えにより教室復帰ができた経験をしている。

ドリッピング

坂水こずえ（岩手県立盛岡第三高等学校教諭）

カタルシスと自己理解

ドリッピングとは近代絵画の技法の1つで、絵の具を垂らして描く絵画である。好きな色を紙の上に垂らしたり、ストローで吹きつけたり、筆でたたきつけたりする。作品が完成したら最後にテーマをつける。子どもと教師が1枚の絵を見て話をすることが、この活動の大切なポイントである。

生徒には「これは何かなー？」「それで？」などと質問しながらテーマを話してもらう。答えが出るまで少し待つときもある。作品の色や傾向を、投影法の結果として、子どもの無意識を読み解く鍵にもできるが、解釈はしない。

悩みをかかえる子どもは、「いろいろな色が混じってしまった。いろいろ考えることが多すぎて、どっちをとるか悩む」などと、作品のテーマを自分から話してくる。また、「何かがひらめいたという感じがした」「描いているうちにだんだん優しい色になって、優しい気分になっていった」などのように、スッキリした顔になる子どももいる。この場合はあえて何も聞かない。さらに、ほかの生徒の作品を見て、「みんな表現は違っているけど、いろいろあっていいんだ」とホッとした表情をして帰って行く子どももいる。絵を教師に見せるだけで満足して帰る子どももいる。

ドリッピングをした生徒はみな、またやりたいと言う。繰り返し行ううちに、生徒は自分で自分の作品を感じ取れるようになり、自己分析、自己理解、自己受容ができるようになる。

モチーフなどを用いるふつうの絵画では、記憶や概念がじゃまをして、思いや内面が表面に出にくいものである。ドリッピングでは、絵の具をたたきつけて制作するうちに、心の中の葛藤や抑制された感情が解放・発散される。そのため、表現行為そのものがカタルシス効果を生むのである。また、作品のテーマを教師を相手に語ることで、言葉にならなかった思いが形となり、開放感・安心感・満足感を得られるのである。

COLUMN 5

対応のポイント①
考え方や行動の仕方の癖を意識させる

河村茂雄（都留文科大学教授）

　人の感情や行動には，自動的にふっと浮かんでくる「思考」がともなっている。

　すぐにカーッとなってしまう攻撃的な子どもは，周りの様子を自分の怒りが生じるように解釈し，より怒りに燃えるようにと思考を展開していく。不安の強い子どもも同様に，周りの様子を自分の不安が生じるように解釈し，不安がより強まるように思考を展開していく。したがって，落ち着いた後には「みんなが僕のことをバカにした」「みんな私のことを笑っていた」と語ることが多い。つまり，対人関係で不適応になりやすい子どもは，人とかかわる際に不適応になりやすい特有の考え方と，それにともなう行動をもっている，という問題をかかえている。その問題は，4つの対人関係の流れのどこかで起こってくる。

① 相手の態度や行動を見て解釈するとき
・自分に都合のいい高い期待や欲求をもって，相手の態度や行動を求めてしまう
・逆に，どうせ自分はダメなんだとばかりに，相手の態度や行動を否定的にみてしまう
・その結果，自分を被害者のように感じて，相手の態度や行動を解釈してしまう

② 相手にどう対応するか決定するとき
・被害者の立場から相手への対応を選択してしまう
・自分はうまく対応できないと決めつけて，相手への対応を選択してしまう
・相手の気持ちを考えずに，相手への対応を選択してしまう

③ ①と②で生じる感情に向き合うとき
・自分の怒りや不安をより喚起するように考えを展開し，自分を追い込んでしまう

④ 実際に対応するとき
・対応は適切か，効果があるか，を検討せず，いつもとっているワンパターンの態度や行動（例　怒りを感情的にぶつける，逃避する等）をとってしまう

　教師は子どもが落ち着いているときに，その子が「どの場面で」「どのような考え方や行動」をしているのかを，一緒に確認することが必要である。これらはいわば，その子どもの癖である。まず，そういう癖があるということがわかることが，第一歩である。

　教師とのかかわりの中でそのような行動がでたら，「A君，また癖がでたね」と優しく意識できるようにする。子どもがかなり意識できてきたら，そういう癖がでてきたときにはどうするのか，その具体的な方法を身につけさせる。例えば，深呼吸する，数を数える等，一連のマイナスの流れを切る方法を考える。そうすれば，それらにふりまわされなくなる。

　癖を直そうとする前に，どうつき合っていくのかを教え，身につけさせるのである。

第3章 心の問題を一緒に整理するエクササイズ

STEP 2 心の問題を一緒に整理するエクササイズ　いろいろな面を知る → 内面に向き合う

私の中の虫退治

米田 薫

小学生 **中学生** **高校生**

○ねらい　マイケル・ホワイトの「外在化」の技法を応用して，心の問題に対する解決の枠組みを築いていく。

○対象　イライラしたり，あるいは落ち込んだりしやすい子。引っ込み思案な子。感情の変化への援助が必要な子

■用意するもの
・ワークシート

■進め方

時間 20分

(1) ワークシートを勧める

「しかられた後は，ちょっとしたことでイライラしたりすることがあるよね」「ひょっとすると心の中に『イライラ虫』がいて，暴れるのかもしれないね」

(2) ワークシートに取り組む

(3) 一緒にワークシートを見て会話する

① 3を見て，いまとの違いに着目する

24時間ずっとその虫にとらわれているわけではないので，その虫が出て行っていたり小さくしているときは，暴れているときとどこが違うかをていねいに聞く。

② 4を見ながら，これまでもうまく虫をコントロールしてきた自分に気づかせる

（吹き出し）イライラ虫はパワーが10％のときもあるんだね

（吹き出し）たかし君はいままでも上手にイライラ虫に言うことを聞かせてたんだ

（吹き出し）そうか！ ぼくはいままでうまくできていたんだ！

（吹き出し）いつもはどうやってイライラ虫とたたかっているかな。考えてみよう

③ 5では，虫を自由に操れるようになったら，いまと生活がどんなふうに違ってくるかを話し合い，意欲を高める

④ 最近その虫にやられたときのことを思い出して，次回はどう撃退するかを考える

■留意点・コツ

・「問題のある私」から「問題は外にある」と考えを変えて，外にある虫をやっつけるために子どもと教師がチームを組む。

・その虫が実在するような演技力が必要。

・家族や友人と一緒に取り組むと，虫の撃退法がみつかりやすく，再現しやすくなる。

■子どもの反応

・「虫」という考え方を受け入れられるようになると，心が軽くなる子どもが多い。慣れてくると，聞かなくても虫の居所やつき合い方の工夫を話してくることが多い。

参：M・ホワイトほか『物語としての家族』金剛出版

私の中の虫退治(たいじ)

あなたの名前：＿＿＿＿＿＿＿＿ ※ペンネーム可　記入日：＿＿年＿＿月＿＿日

1　虫を発見

「明るくしていたいのに今日はメチャ暗くなっちゃった」のように，そんな気持ちにはなりたくないのに，気がついたらなっていたということがありませんか。もしあったら，思い切ってその気持ちに「○○虫」と名前をつけてみましょう。　例：イライラ虫，ガックリ虫，メソメソ虫，弱気虫など

（　　　　　）虫　（　　　　　）虫　（　　　　　　）虫　（　　　　　　）虫

2　一番気になる虫はどんな虫？

①一番気になる虫の名前をつけ，パワーを書こう

虫の今のパワーレベル
0%　50%　100%

②いまその虫はどのへんにいるかな。
例：心の中，心のはし，体のどこか，体の外

虫

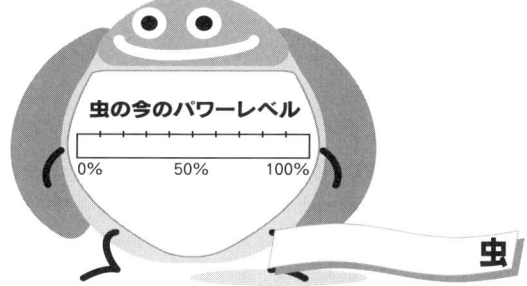

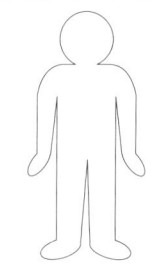

3　どんなことが起こると，その虫はパワー100％になりますか？

例：相手が自分の思うとおりにしてくれない，自分で「もうだめだ」と思う，など

4　その虫はいつもパワー100％で暴(あば)れているわけではないと思います。あなたはふだん，どうやって虫が入ってこないようにしたり，入ってきてもパワー100％にしないようにしたりしていますか？

5　あなたがその虫を自由に操(あやつ)れるようになったとしたら，いまと生活はどう違ってくるでしょうか？「こうすれば，きっとこうなる！」というアイデアを書いてください。

そのアイデアで今日から「虫」退治(たいじ)してみませんか？　私を「虫」退治(たいじ)の仲間にしてくれるとうれしいな。

第3章　心の問題を一緒に整理するエクササイズ

STEP 2　心の問題を一緒に整理するエクササイズ　　いろいろな面を知る　→　内面に向き合う

◆「気になる私」見方を変える◆

竹内牧子

【小学生】【中学生】【高校生】

○ねらい　　短所を長所にリフレーミングすること，また短所もひっくるめてあなたはOKなんだよというプラスメッセージをもらうことで，自己肯定感を高める。

○対　象　　「私にはいいところなんてないなぁ」と自分に自信がもてないでいる子。自分のことが好きになれずにいる子

■用意するもの
・ワークシート
・リフレーミング辞典

■進め方
(1) ワークシートを渡し，記入を促す

時間　20分

（吹き出し）短所に目がいって落ち込んでしまいがちなようだけど，短所って見方を変えると長所にもなるんだよ

(2) 短所を長所にリフレーミングする
　「短所を書くときは，内面的なことを書いてね。心の中のことって普段はほかの人には見えなくて，困ったり悩んだりしていてもなかなか助けてあげられないから，今日は助けてあげたいんだ」

(3) じっくり読んで話し合う
　①どんな気持ちになったか聞いてみる
　②子どもが書いた短所について話題にする

■留意点・コツ
・教師との間に，自分の短所をさらけ出せるリレーションができていることが必要。
・何人かの友達同士で来室しているときに，子ども同士でシートを交換してリフレーミングしてみてもよい。

■子どもの反応
・「そんなふうに考えられるのかと少し気持ちが楽になった」と答える子どもが多い。
・「自分はダメなとこばっかりあるような気がしてたけど，書こうと思って短所を探してみたらけっこうむずかしくて，なんだ自分にはそんなに短所なんかないじゃんって思った」と笑顔で答えた子どもがいた。
・終わった後で「先生，相談していい？『親にすぐ反抗してしまうところがイヤ』って書いたけど，昨日進路のことで親とけんかしちゃって……」と自分から心の内をうち明けてくる子もおり，相談活動へと移っていった。
・友達同士でやったときは「〇〇ちゃんにそう言ってもらえるとうれしい」「悩んでるのって自分だけじゃないんだって思った」という感想が多く，いっそう効果的。

参：中里寛「みんなでリフレーミング」國分康孝監『エンカウンターで学級が変わる中学校編3』図書文化，P.82

「気になる私」見方を変える

1. あなたが気になっている短所を，例を参考にして左側の欄に書こう。
2. リフレーミング辞典を参考にして，短所を長所に書きかえてみよう。辞典にないものやむずかしいものはあと回しでいいよ。あとで相談してね。

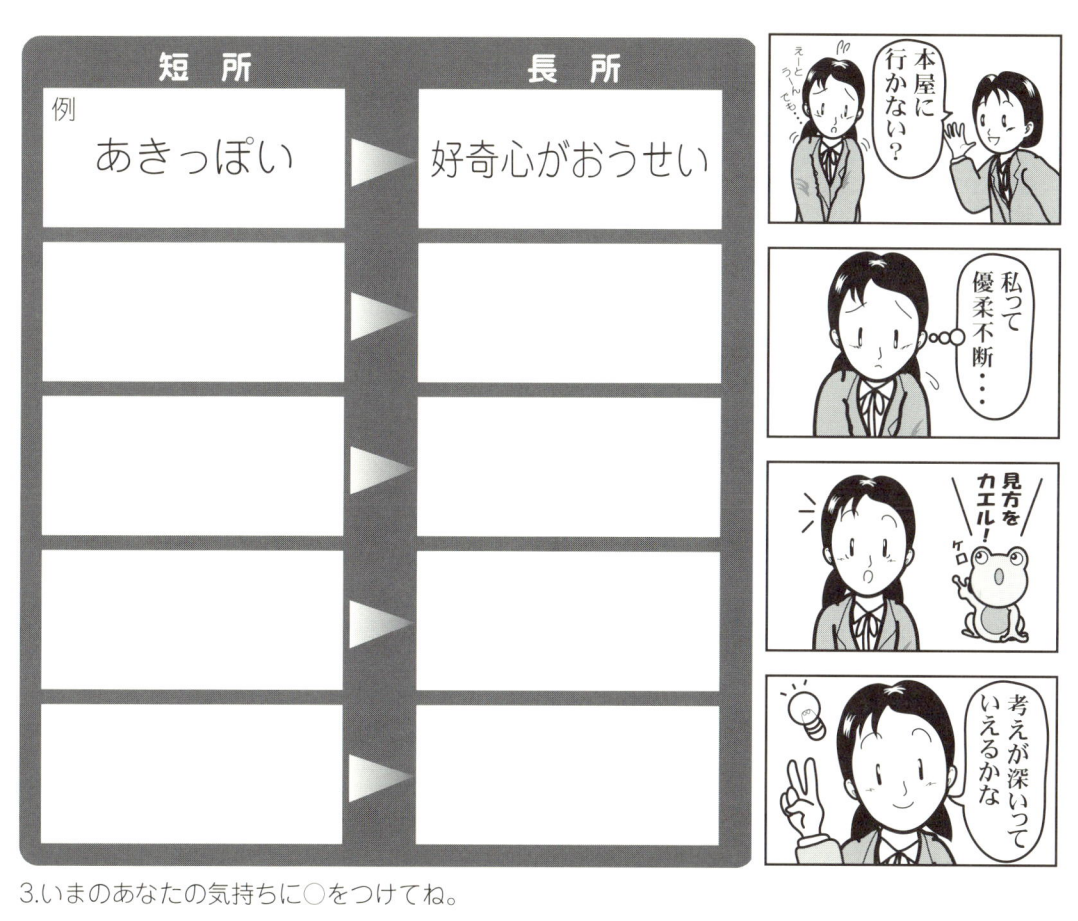

短　所	長　所
例　あきっぽい	好奇心がおうせい

3. いまのあなたの気持ちに○をつけてね。

　　すっきり　　うれしい　　もやもや　　よっしゃ　　その他（　　　　　　）

わけをくわしく教えて？

あなたの名前　　　　ペンネーム可　記入日　年　月　日

リフレーミング辞典

索引	書きかえたい語	リフレーミングすると
あ	甘えん坊	人にかわいがられる・人を信頼できる
	あきっぽい	好奇心旺盛・興味が広い
	あきらめが悪い	ねばり強い・いちず・チャレンジャー
	あわてんぼう	行動的・すばやく行動できる
い	いいかげん	こだわらない・おおらかな・争いを好まない
	意見が言えない	協調性がある
	いばる	自信がある
う	浮き沈みが激しい	心豊か・表情豊か
	うるさい	明るい・活発・元気
お	おこりっぽい	感受性豊か・情熱的
	おしゃべりな	人との会話を楽しめる
	おっとりとした	マイペース・周りをなごませる
	おとなしい	おだやか・話をよく聞く
か	面白みがない	まじめ
	かたくるしい	まじめ
	カッとしやすい	感受性豊か・情熱的
	変わっている	味のある・個性的
	がんこ	意志が強い・信念がある
き	気が強い	すべてに積極的・弱音をはかない
	気が弱い	自分より周りを大切にする
	気性が激しい	感受性豊か・情熱的
	きつい感じの	はっきりしている
	きびしい	妥協せず目標を追い求める
く	口がきつい	素直に伝えられる
	口が悪い	はっきりしている
	口が軽い	気持ちをすらすら言葉で伝えられる
	口下手な	言葉を選ぶのに慎重
	暗い感じ	自分の心の世界を大切にしている
け	けじめがない	物事に集中できる
こ	けち	計画的にお金を使う
	強引	みんなを引っぱる力がある
	興奮しやすい	情熱的
	こだわる	自分の考えを大切にする・向上心がある
	断れない	相手の立場を尊重するやさしい
さ	さわがしい	明るい・活発・元気
し	しつこい	ねばり強い
	自分がない	協調性がある
	自慢する	自己主張できる・自分を愛している
	地味	素朴・ひかえめ
	消極的	ひかえめ・周りの人を大切にする
す	ずうずうしい	行動力がある・堂々としている

索引	書きかえたい語	リフレーミングすると
せ	せっかち	反応がすばやい
	責任感がない	無邪気・自由
そ	外面がいい	コミュニケーション能力がある・社交的
た	だまされやすい	素直・純粋・人を信じられる
	だらしない	こだわらない・おおらか
ち	短気	感受性豊か・情熱的
	調子にのりやすい	雰囲気を明るくする・ノリがいい
つ	つめたい	冷静・客観的
て	でしゃばり	世話好き
な	生意気	自立心がある
	涙もろい	人情味がある・感受性豊か
ね	根暗	自分の心の世界を大切にする
の	のんき	細かいことにこだわらない・マイペース
	のんびりしている	細かいことにこだわらない・マイペース
は	八方美人	人づきあいが上手
	反抗的	自立心がある・自分の考えがハッキリしている
ひ	人づきあいが下手	自分を大切にしている・こまやかな心をもった
	人にあわせる	協調性豊か
	一人になりがち	自立している・独立心がある
	人をうらやむ	人のよいところを素直に認められる
ふ	ふざける	周りを楽しませる
	プライドが高い	自分に自信がある
ほ	ぼうっとしている	細かいことにこだわらない・マイペース
ま	周りを気にする	心配りができる
	負けずぎらい	向上心がある・がんばりや
	まじめ	誠実で一生懸命・たよりになる
む	向こうみず	思いきりがいい・行動的
	無口	おだやか・聞き上手
	無理をしている	期待にこたえようとする・協調性がある
め	命令しがちな	リーダーシップがある・和を大切にできる
	目立たない	ひかえめ
	目立ちたがりや	自己表現が活発
	面倒くさがりや	おおらか・細かいことにこだわらない
ゆ	優柔不断	じっくり考える
よ	よく考えない	行動派・直感にすぐれている
ら	乱暴	たくましい
る	ルーズ	こだわらない・おおらか
わ	わがまま	かわいげがある・自己主張できる

中里寛「みんなでリフレーミング」（國分康孝監修『エンカウンターで学級が変わる中学校編3』図書文化）を一部改訂

私の実践紹介

エゴグラム

佐藤謙二（大船渡市立越喜来中学校教諭）

多面的な見方を支援する

中学生は，その発達段階から自分を鋭く見つめようとする傾向がある。ときとしてその自己理解は一面的であり，周囲からみてどうしてそんな見方をするのだろうと思う場合も多い。相談室に来室する生徒には，とくにその傾向がよくみられる。

一面的な自己理解をしている生徒は，自分のマイナス面にばかり目がいき，自信をなくしている。そこで，見方を変えれば別のよい面もみえてくることを理解させることが重要である。

その手だてとして，私は「エゴグラム」を活用している。相談室で行なう際の留意点等は以下のとおりである。

①極端に自信を失っている生徒には行なわない
②初めに「エゴグラム」について説明したうえで，するかどうかを生徒に確認する
③あくまでも自己理解の手がかりの1つであることを強調する
④教師も生徒と同時に「エゴグラム」を作成する
⑤結果をよく見て，自分にどのような傾向があるかをつかむ
⑥生徒と教師が互いの「エゴグラム」を交換して感想を記入する。その際，教師はリフレーミングをして，マイナス面も見方を変えるとプラスになることを示唆する

相談室で教師と1対1で行ってみた生徒の感想は，「自分がよくないと思っていたところはそのとおりあったけど，あんまりひどくはないのかもしれない」「自分は意外にNP（保護的な親の心）が高かった。自分は福祉に関心があるので，進路が合っているかも」「見方を変えると少しは違ってくることがわかった」「先生もけっこう・・・なことがわかり少しびっくりした」などである。

生徒とエゴグラムを共に作成することで，「先生はこんな人なんだ」ということを生徒に理解してもらうことができ，リレーションづくりにも役立っている。

サイコロトーキング

仁田ハナコ（足立区教育研究所教育相談鹿浜分室心理主事）

自己表現を促しコミュニケーションスキルをのばす

教育相談室では，不登校の小・中学生を対象に，社会性の育成を目的としたグループ活動を実施している。規模は相談員を合わせて5～10人程度の小さなグループである。

ここでは「サイコロトーキング」は人気のあるエクササイズである。相談員手作りの大きなサイコロを使って，繰り返し実施している。

このグループに参加する子どもの多くは，集団参加に対して緊張感や不安を抱いている。同年代との友達関係を築くスキルも未熟なため，エクササイズの実施にはいろいろな配慮を行った。

サイコロの目に応じて話す6つのテーマは，参加者に合わせて2パターンを作成した。最初はなるべく簡単に答えられるテーマ（例，今朝の朝食，好きな芸能人など），慣れたら答えの自由度が高いテーマ（例，腹が立ったこと，いまいちばんやってみたいことなど）で実施した。

サイコロを振って話をした後には，周りから質問を募る。質問が活発に出るグループでは「3つまで」と制限する場合もあり，寡黙なグループでは全員が感想または質問を言うように促す場合もある。質問に答え終わったら，その子にみんなで拍手をする。

最初のころ，子どもたちはとても緊張して下を向き，ほかの子の話を聞く余裕もなかった。しかし回数を重ねるごとに，相手の顔を見て話を聞き，ほかの子に質問をすることができるようになっていった。さらにグループに慣れ，子ども同士の関係が成立し始めたころには，このエクササイズを楽しんで，自分たちでテーマを考えたがるようになった。

サイコロトーキングの実施によって，それぞれの子どもの緊張や不安の程度，自己表現や相手に適切な質問をするスキルのレベル，趣味や関心事等を知ることもできた。さらに，彼らの成長や変化も明確に見えてきたのである。

第3章　心の問題を一緒に整理するエクササイズ

STEP 2　心の問題を一緒に整理するエクササイズ　　いろいろな面を知る　→　内面に向き合う

こんな子いるかな？

酒井　緑

- 小学生
- 中学生
- 高校生

○ねらい　　　自分の行動を客観的に見つめる作業を通して，ふだんの人とのかかわり方を見直す機会とする。

○対　象　　　友達が少なく1人で行動することが多い子。保健室にふらりとやってくる自己中心的でわがままな子

（吹き出し左）人の失敗を笑う子ってやだな

（吹き出し右）あれ？私もそんなことあるかな…

時間　20分

■用意するもの
・ワークシート

■進め方
(1) ワークシートを折って上半分に取り組み，書いてある思いを一緒に確認する
「花子さんの気持ちや思いがちゃんと書けているね。花子さんや周りの子は，しらけたような気持ちがするんだね」
ただし，例に対して肯定的な思いや，あおるような記入がされている場合は，内容を確認して気持ちをさらに聞く。
(2) ワークシートの下半分に取り組む
(3) ワークシートを一緒に見て，背景にある気持ちを言葉にしていく
「花子さんの心の中には『△△をいつも我慢する私』もすんでいて気になるんだね。それは『周りの人に認めてほしい気持ち』とつながっているんだね。なるほどそうか。よく気持ちに気づいたね。花子さんは，みんなに認めてほしいという気持ちが強かったんだね」

■留意点・コツ
・その子に合わせて，ワークシートの上半分に取り上げる子の例を変更するとよい。
・書かれた内容を否定したり解釈を加えたりしない。書き込みがあればまずほめる。

■子どもの反応
・淡々と実施する子もいれば，内面を直視するので，少々エネルギーを要する子もいたようだ。

参：樹神アヤ子ほか『「やさしくなあれ！」「つよくなあれ！」「元気になあれ！」』東山書房

こんな子いるかな？

あなたの名前：＿＿＿＿＿＿＿＿＿＿＿　※ペンネーム可　書いた日：＿＿年＿＿月＿＿日

1. 次のような子に出会ったときの気持ちをふきだしの中に書いてみましょう。

いつも自慢（じまん）する子　　コソコソと人のことを言う子　　いやなことは人にやらせる子

人の失敗を見て笑う子　　よくうそをつく子　　相手のいやがることをする子

参：樹神アヤ子ほか『「やさしくなあれ！」「つよくなあれ！」「元気になあれ！」』東山書房をもとに作成

・・・・・・・・・・・・・・・・・・・・ 山オリ ・・・・・・・・・・・・・・・・・・・・

2. 1の中であなたの心の中にときどき入り込んでしまう子はどれかな？

| ＿＿＿＿な子 | | ＿＿＿＿な子 |

↓

その子はあなたの中のどんな気持ちが呼ぶと来るのかな？

↓

まわりの人をいやな気持ちにしないためには，どうしたらいい？

私の心の中にもときどきこんな子が入り込むのよ……

そのことに気づくことが大切なんだね

↓

その子はあなたの中のどんな気持ちが呼ぶと来るのかな？

↓

まわりの人をいやな気持ちにしないためには，どうしたらいい？

3. いま感じていること，気づいたことを書こう。

私の実践紹介

ブリーフセラピーの手法を面談に

大谷哲弘（岩手県立一戸高等学校教諭）

共同して未来を描き，元気を取りもどす

私はかつて，相手の暗い部分を引き出さないと，自己を語ってもらえたと思えなかった。しかしポジティブな面もその人自身と考えて面談するようになり，最近は面接の中心をここに据えている。

まず最初は十分に傾聴し，生徒の不安や困難さ，おかれた状況を理解できるよう努める。続いて2人で一緒に「希望づくり」の話し合いをする。

「みんなに無視される」という生徒の場合，十分に語ってから，問題状況を具体的に整理できるようにする。例えばクラス名簿を開き，無視している生徒の名前に×をつけると，ほんとうに「みんな」が無視をするのか気づくことができる。

次に，語られた問題について，いっときの成功体験やなんとか切り抜けている場面を思い出しながら，すでにできている解決のかけらを一緒にみつけていく。「苦しい中でどうやってがんばっているの？」「もっと激しく落ち込んでもおかしくないのに，どうしてそこでとどまっているの？」「少しよかったときはどんなとき？」などと働きかける。これらの質問は「すでにできてるんだ」というメッセージを間接的に投げかけることになる。そして，みつかった解決のかけらを生徒に続けさせる。すると同時に教師の見方も変わっていく。

最後は「願い語り」に取り組む。「どうなっていればよいといえるの？ あるいは，どうなれば解決したといえるのかをどんなに小さなことでもいいから答えてね」と教師が尋ね，生徒の回答に対して，「ほかには」と10回繰り返す（強制には注意）。ここで出たものを切り口として，希望をスモールステップで行動化する計画をつくり上げていく。

こうして希望を語り合うことで，明るく，楽しい雰囲気がうまれ，生徒も元気を取りもどしていく。これがそのまま子どもの援助に役立っている。

〈参考文献〉

森俊夫『先生のためのやさしいブリーフセラピー』ほんの森出版

アドバイス作戦

木戸口千賀子（久慈市立長内小学校養護教諭）

教え合うことを自信につなげる

A子とB子は保健室登校の小学5年生。

A子は好きな時間に登校。感情のままに行動し，いやな場面では努力せず，口を閉じたままふくれる。B子は他人の目を必要以上に気にしており，みんなが自分のことを噂していると心配する。また，いつもチャイムぎりぎりにお父さんの車で登校する。午前中はまったく元気がなく，給食を食べたあとに少しずつエンジンがかかってくる。

現在，2人は同じクラス。1年生のときから友達意識が強かったと聞いていたため，2人をじっくり向い合わせることで，自分に気づき，自分を表現できるようになるのではないかと考えた。そこで，2人の関係づくりを意識して行っていった。

一緒に中庭で，池の鯉に餌をあげたり学校園の畑に水をかけたり，あるときはプールで水遊びをしたりしながら2人にかかわり続けた。そのうち，私に気持ちを話してくれるようになった。

また，生活見直しカードと日記をつけ，2人でやり取りしながら自分の生活や考え方を見直すことができるようにかかわり続けた。朝ご飯を食べてこないB子をA子がたしなめれば，「だって，み～んな遅く起きるので朝ご飯ないもん」とB子。こんな2人のやり取りに十分に耳を傾けながら，彼女ら自身が問題を整理し，解決方法を考えていけるよう言葉をかけていった。

しだいに2人の生活見直しカードは工夫され，絵本や雑誌を自主的に調べて，書き込んだり教え合ったりする姿が見えてきた。積極的な行動がとれるようになり，好きな家庭科や手芸クラブには行けるようになった。また，毎日のスケジュールを自分で決め，保健室に一緒に居ても別々のことに取り組めるようになった。

A子もB子も，互いに教える立場になることが自信につながっていった。2人の関係が基盤となって，ほかの人たちともコミュニケーションを少しずつとれるようになっていったのだと思う。

私の実践紹介

子どもの決意を待つ
香川靖子（盛岡市立見前小学校養護教諭）

自分で解決に踏み出すために

「周りが自分をどう思っているのか不安だ」「居心地のいい友人・場所がない」と，友人とのかかわりに悩む子どもたちの多くが，そういった思いをだれにも打ち明けられずにいる。そのままがんばり続けていると，そのうちに何らかの問題行動や症状が現れてくる。

そんなとき，静かな保健室でゆっくり落ち着いて話をすると，子どもは自分がその問題をどうとらえ，どうしたいのか，その子どもなりに答えることができるようになる。

こうして子どもと教師との間の関係がうまくできると，次は具体的な支援方法を考える。

しかしその前に必ず，「問題を解決するためには自分のことを話す勇気が必要だよ」と確認する。

なぜならば，保健室で話を聞いてもらうだけで満足できるときはいいのだが，どちらかというと，養護教諭と子どもの間だけでは解決できない問題の方が多いため，子どもの訴えを保健室から外へ発信しなければならなくなるからだ。仕返しやいじめを怖がり「だれにも言わないで」と解決を拒否する子には，「このままではあなたが苦しむだけだよ」と話をする。すると子どもの心は揺れ動き，不安と解決との葛藤に悩む姿が伝わってくる。

そこで「自分でよく考えてごらん」と言って，子どもが自己決定できるまでの間待つ。この時間が子どもにとって，自分のことを整理して考え，納得をし，話をしてみようという勇気に変わる大切なときであるように思う。

やがて子どもは，自分の手で，心の扉を開き，解決への一歩を踏み出していく。「待つ」という一見遠回りなことが，実は問題解決への近道のような気がしている。目の前の子どもを正しく，そして，あたたかく見つめる心をもって，私たちの感覚は養われていくのではないだろうか。なにより私たちの仕事は，子どもの心の架け橋となり，自分の力で心の扉を開ける支援をすることなのだから。

「1分間肩もみ」で楽しく話す
細川彩子（藤沢町立藤沢小学校教諭）

身体と心のふれあいで学級にあたたかさを

学校が騒然となり，落ち着かない時期があった。体調不良ではなくとも養護教諭に不満や悩みを話しに保健室に行く子どもが増え，保健室が自分の居場所という子もいた。いっぽうで保健室に行きたくても行けない子もいるようだった。

そこで6年生39名の子どもたちに，人の話を大切に聞くこと，自分について話すこと，親近感をもたせることをねらい，「肩もみエンカウンター」を行った。

1か月に2回ほどのペースで，だいたい休み明けに実施した。友達と会わない時間が長いと話題がたくさんあるからだ。また体に触れる（肩をもむ）ことになるので，男子同士，女子同士の組み合わせで行い，毎回できるだけ違う相手と組むように配慮した。

実施前には，次のような約束をした。相手の話をうなずきながら聞くこと。話し終わったら，聞いた人は聞いた内容を相手に繰り返すこと。内容は休み中の出来事に限ることである。

1分間スピーチだと時間をもてあます子がいる。しかしこのエクササイズなら，ほとんどの子どもが「えっ，もう終わりなの？」という様子だった。

なかには1〜2組，まったく話をしないで過ごしたり，話を繰り返すことを面倒くさがったりする組もあった。そのような時には無理強いせずに「終わったの？」と軽く確認する程度にとどめた。

とくに修学旅行の後は盛り上がった。「先生にはちょっと話せない話」をテーマに，クラス中があたたかい笑いのうずに巻き込まれた。人の話を大切に聞くことをねらったエクササイズだったが，その時期の子どもたちの興味関心に応じて話題を選ぶなど，構成の仕方も重要だと感じた。

そして学校は落ち着きを取り戻し始めた。教室が落ち着き，保健室にすぐ来室するという子どもも減っている。肩もみで心まで解きほぐされたような気がしている。

COLUMN 6

特別な援助ニーズがある子の基礎知識③
知的障害のある子への対応

我妻則明（岩手大学教授）

知的障害とは

DSM-Ⅳ*では精神遅滞に相当するもので，その定義は，「A. 明らかに平均以下の知的機能：個別施行による知能検査で，およそ70またはそれ以下のIQ（幼児においては，明らかに平均以下の知的機能であるという臨床的判断による）。B. 同時に，現在の適応機能（すなわち，その文化圏でのその年齢に対して期待される基準に適合する有能さ）の欠陥または不全が，以下のうち2つ以上の領域で存在：意志伝達，自己管理，家庭生活，社会的／対人的技能，地域社会資源の利用，自律性，発揮される学習能力，仕事，余暇，健康，安全。C. 発症は18歳未満である。」となっている。

知的障害児のうち中度，重度，最重度は普通学校の障害児学級や養護学校に在籍することが多いが，軽度の知的障害児は普通学級に在籍することが多い。この普通学級に在籍する軽度の知的障害児が，「教室になじめない子」ということで，保健室・相談室・相談学級・適応指導教室などの対象となる場合がある。

しかし，障害児教育の素養のない先生の場合，自分の対象となっている子どもが知的障害児であるということに気がつかずに，不適切な対応をする場合がある。例えば，言葉だけで話して理解させようとするなどである。

対応

最初に専門家によって個別施行による知能検査を行うなど診断をすることが必要である。しかし，専門家のところへ行くことについて保護者の了解を得ることはおろか，話を切り出すことすら困難な場合が多いと思う。その場合，すべての教科において著しく成績が低い場合は知的障害があることを前提として対応する必要がある。

よくある誤解は，知的障害児の教育目標は知能を正常にすること，あるいは普通の成績を得させることと考えられていることである。そして，対象児と同一学年の教科内容をやさしくして何回も繰り返して教えれば，できるようになるはずであるという誤解も多いようである。

正しい目標は，一人一人の発達に対応して教科内容を臨機応変に変えること，すなわち，低学年の教科内容を必要に応じて教えることなのである。方法としてはすでにできているところを確認し，次のできかかっているところからスモールステップで少しずつ教えていくということである。さらに，成績よりも，前記のDSM-Ⅳの定義のうち，「発揮される学習能力」を除くBに相当する部分に力点をおいた指導が特に知的障害児には必要となる。その際も，スモールステップで，達成するのに時間をかけながら根気よく指導をしていくことが必要となってくる。

*アメリカ精神医学会の精神障害の診断および統計マニュアル第4版

第4章

練習をかねたエクササイズ
～第3段階～

ストレスに耐える，問題を解決するスキルを，ほかの子どもたちも交えて練習していく。課題を乗り越える体験で，子どもに自信をもたせよう！

1．先生と練習するエクササイズ
2．小グループで練習するエクササイズ

第4章 練習をかねたエクササイズ

STEP 3 練習をかねたエクササイズ 　先生と練習する　→　小グループで練習する

めざせコミュニケーションの達人

曽山和彦

小学生
中学生
高校生

○ねらい　相手のことを尊重しながら自分の願いや主張を伝える方法を身につけ、人とのスムーズなかかわりができるようにする。

○対象　自己中心的なものの言い方が多く、友だちとの間にトラブルが生じやすい子。相手のことを気にしてはっきりとものが言えない子。

■用意するもの
・ワークシート

■進め方
(1) ワークシートを渡す

時間 30分

「なんであんな言い方しちゃったのかなぁ」とか、「アー、自分の気持ちをはっきり伝えればよかった」と後悔したことはない？

(2) 子どもがワークシートに書く
  ①**指令1**に従い、ふだんの自分はどんな言い方をしていることが多いか振り返る
  ②その言い方では、相手と自分のどちらがハッピーかを考えて○をつける
  ③自分のコミュニケーションパターンについて解説を読む
  ④**指令2**に従い、自分も相手もハッピーになる言い方をもう一度考える
(3) (2)で考えた言い方を、教師とロールプレイで試してみる（**指令3**）
  ①いちばんやってみたい場面を行う
  ②両方の役を体験できるように交代する
  ③「うまく伝えることができた」という成功体験を味わえるように、教師は受容的な態度でロールプレイを終了する
(4) やってみて、感じたことをシートに書く

■留意点・コツ
・「アサーション」という言葉とその意味を学習してから進めるとよい。アサーショントレーニングには、「受身的」「攻撃的」と、自分も相手も大切にする「アサーション」の、3つのコミュニケーションスタイルがある。
・「できない」「苦手」という意識を刺激しないよう、「もっと気持ちよく言葉のキャッチボールができるように考えよう」と、肯定的なメッセージをおくるようにする。

■子どもの反応
・「いままで勉強した中でいちばんためになった」「今度、○○中学校にアサーションを教えに来てよ。アサーションができていない友達も多いんだよ」と言った生徒がいた。
・ロールプレイでは、初めのうちは緊張したり恥ずかしがったりしていたが、相手が受け入れてくれるという安心感をもてるようになると、さまざまな場面を設定しても集中して熱心に取り組むことができた。

参：園田雅代、中釜洋子著『子どものためのアサーショングループワーク』日本・精神技術研究所

めざせ コミュニケーションの達人

指令① → 君のコミュニケーションパターンを探せ！

①各場面の吹き出しに，いつもの君ならこう言う，こうしているということを入れてみよう。
②次に相手と自分のどちらがハッピーかを考え，ハッピーだと思う方に○をつけよう。
　どちらもハッピーな場合は両方に○，どちらもハッピーでない場合はつけなくてもいいよ。

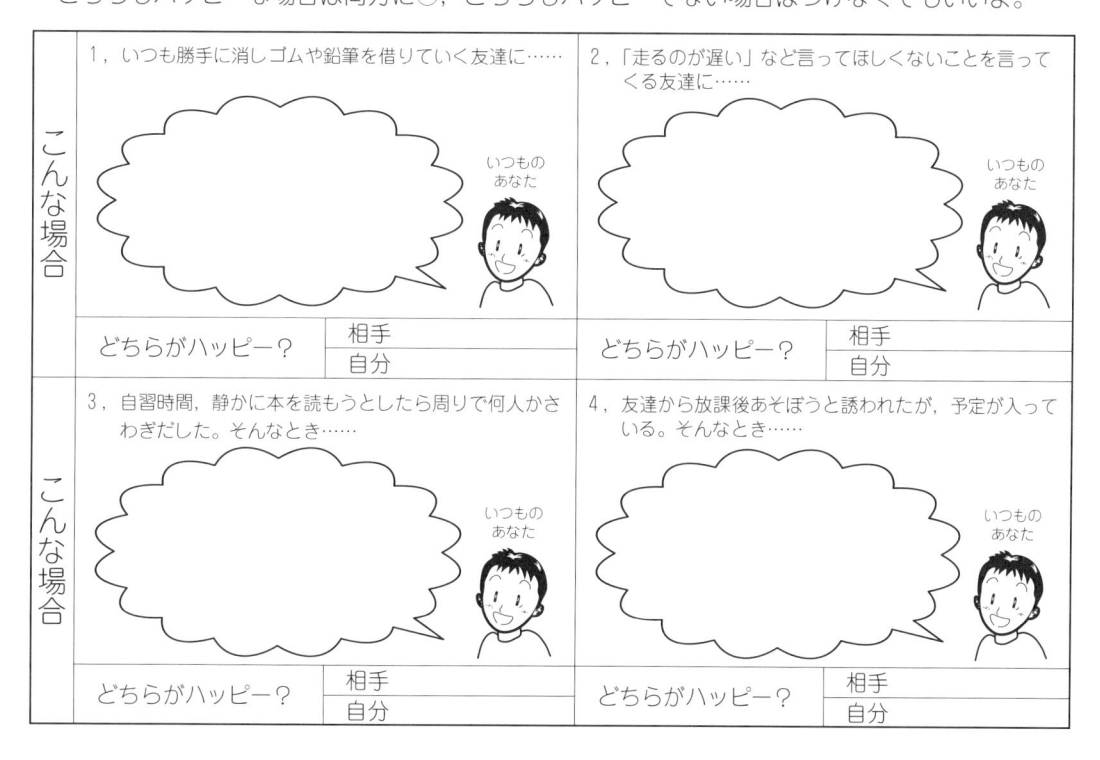

こんな場合

1，いつも勝手に消しゴムや鉛筆を借りていく友達に……

（いつものあなた）

どちらがハッピー？　相手／自分

2，「走るのが遅い」など言ってほしくないことを言ってくる友達に……

（いつものあなた）

どちらがハッピー？　相手／自分

こんな場合

3，自習時間，静かに本を読もうとしたら周りで何人かさわぎだした。そんなとき……

（いつものあなた）

どちらがハッピー？　相手／自分

4，友達から放課後あそぼうと誘われたが，予定が入っている。そんなとき……

（いつものあなた）

どちらがハッピー？　相手／自分

相手と自分のどちらに多く○がついたかな？

相手に多く○がついた君	自分に多く○がついた君	相手も自分も同じ数だった君
君はいつも相手の気持ちばかり考え，おどおどしてしまうタイプです。（受け身タイプ）	君はいつも自分の思いを通そうとするあまり，相手のことが見えなくなってしまうタイプです。（攻撃タイプ）	君は，自分も相手も大切にするコミュニケーションの達人か，左の両方のパターン（受け身，攻撃）をもつタイプのどちらかです。
↓	↓	↓
相手だけでなく，自分も大切にする練習をせよ！	自分だけでなく，相手も大切にする練習をせよ！	自分のコミュニケーションパターンを振り返り，どちらの練習が必要かを考えよ！

↓

次のプリントへ！

指令❷ → コミュニケーションの達人をめざせ！

いつものコミュニケーションパターンに注意して，自分も相手もハッピーになる言い方を考えよう。

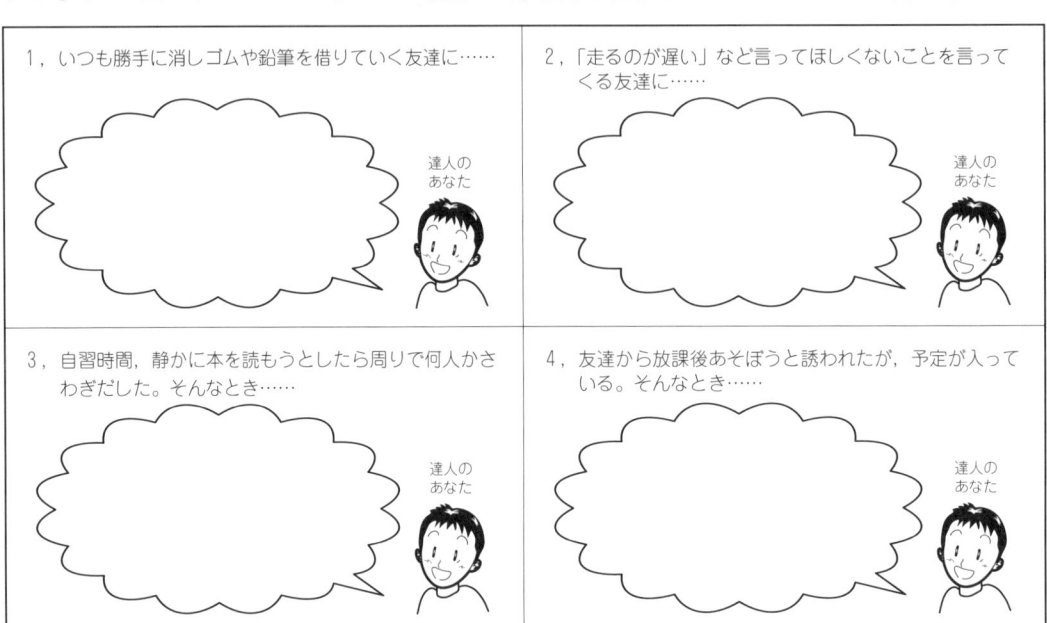

1，いつも勝手に消しゴムや鉛筆を借りていく友達に……

達人の
あなた

2，「走るのが遅い」など言ってほしくないことを言ってくる友達に……

達人の
あなた

3，自習時間，静かに本を読もうとしたら周りで何人かさわぎだした。そんなとき……

達人の
あなた

4，友達から放課後あそぼうと誘われたが，予定が入っている。そんなとき……

達人の
あなた

指令❸ → 先生と実際にやってみよう

レッツ　ロールプレイ！

どの場面がいちばんやってみたい？

●やってみて，うまく自分の気持ち（願いや主張）を相手に伝えられたかな？　○をつけてね。

　　　うまくいったよ！　　　まあまあかな　　　もうちょっとかな？　　　ぜんぜんダメ〜

●今日の活動をやってみて，考えたり感じたりしたことをまとめておこう。

　　さあ，今度は本番だ。続きは学校や家でやってみよう。
　　幸運を祈る！

あなたの名前：＿＿＿＿＿＿＿＿＿＿＿（ペンネーム可）

私の実践紹介

論理療法で悩みを検討する

多田江利子（岩手県立水沢高等学校教諭）

不安になってしまう考え方に気づく

　私たちは物事がうまくいっていないときや悩み事があるとき、悲観的に考えて悩みを深くすることが少なくない。別室登校の生徒も同様である。

　別室登校の子どもたちは、現在の自分の状況をけっしてよいと思っていない。いままでうまくいかなかったことが重なり「どうせ自分はダメだ」とあきらめていたり、「○○すべきである」と完璧を求めていたり、物事を一般化しすぎて適切に受けとめられなくなっている。そして自分を追い込み、ますます教室に行けなくなる。

　それならば、論理療法で事実の受けとめ方を検討してみたらどうだろうかと考えた。

　まず子どもたちにA・エリスのドアの話をする。「もし、授業中にドアが何回もバターンと開閉し、授業がよく聞こえなかったら不快になるよね。もしこれが、ドアが開閉するたびにお金をもらえることになったら、ドアの開閉を楽しみにするんじゃないかしら？　つまりドアの開閉という事実は変化してないのに、受け取り方で気持ちが変わっているんだね。生きているといろいろな出来事があるけど、それが私たちを悩ませているんじゃないんだよ。どう受けとめるかなんだよ。あなたがいま悩んでいることにも同じことが言えるんじゃないかな？」。

　ここで生徒の悩み（事実）をあげてもらい、それをどのように受けとめているのか、論理的に一つずつ検討してみる。こんな見方もあるんじゃないかと一緒に考えいくうちに、次の行動を起こす元気がわいて教室に戻った子もいた。

　傷つき体験が多い子や理想の高い真面目な子どもほど必要以上に悩む傾向がある。そのような子どもには効果が高かった。

〈参考文献〉
國分康孝『自分を変える心理学』PHP文庫

泣けるだけ泣く場所

折舘美由紀（岩手県立雫石高等学校養護教諭）

1人になって心と体をすっきりさせる

　泣きながら保健室を訪れる生徒がいる。「何かあった？」と質問しても、興奮しているために話ができないことがある。また「先生、泣かせて」とストレートに話す生徒もいる。そんなときは、保健室の一番奥にあるベッドに連れて行き、「ベッド、自由に使っていいよ」と話してカーテンを閉め、やさしいCDをかけて、しばらくの間、1人にしておく。この援助は何もしていないようであるが、生徒の泣かずにいられない気持ちや、泣く以外に表現できない辛い体験を、教師も理解していることを示しているのである。

　離れたところから様子をみると、ベッドに横になり枕を抱いて泣いたり、毛布や布団をかぶって泣いたり、大声をあげて泣いたりと1人1人さまざまに泣いている。その様子から、どれほど辛い思いをしたのかを察することができる。また、さっきまで緊張でいっぱいだった心と体が徐々にほぐれていくのが見てとれる。泣くことで心に蓄積したマイナスの気持ちを洗い流しているのだと思う。実際、ベッドから出てくる生徒の表情はすっきりとしていることが多いのである。

　生徒が泣いている間、私は「落ち着いたかな？」というタイミングをうかがっている。ベッドを離れたときや、自分を包んでいるものから出てきたとき、声をかけてきたときが、「落ち着いた」という合図である。「どう？」と声をかけると、すっかり元気になって「先生、教室に帰ります」という生徒もいる。

　しかし、私は「何か辛いことがあったの？　先生に聞かせて」と話しかけて引きとめている。会話を通して、1人で泣きたいほどの辛い気持ちになったことと、それから復帰した自分の強さを意識づけするためである。まだ十分に落ち着いていない生徒がもう一度泣き出してベッドに戻ることもあるが、気持ちの落ち着いた生徒のほとんどが話をしてくれる。

第4章 練習をかねたエクササイズ

STEP 3 練習をかねたエクササイズ　先生と練習する → 小グループで練習する

☆☆☆☆ 調子は何点？ ☆☆☆☆

米田 薫

対象：小学生／中学生／高校生

○ねらい　解決に向けてのこれまでの日々を自己評価し，そのうえでこれからをみつめる考え方を身につけるとともに，願いをかなえる意欲を高める。

○対象　自信を失っている子。自分の生活のよい変化の部分に気づいていない子。見通しがもてなくて次の一歩が踏み出しにくくなっている子

■用意するもの
・ワークシート　・記入済みワークシート

■進め方

時間 20分

(1) ワークシートの記入を勧める
　「これを使うと自分の宝物が掘り起こせて明日の元気がわいてくるんだけど，やってみない？」

(2) ワークシートを見ながら会話する
　①ステップ1と2の内容を肯定的に評価する

　「0じゃないってことは，何か努力や工夫をしているということなんだね。どれどれ，こんなにあるんだ！」

　「そうか！　ぼくもうできているんだね」

　②ステップ3を見ながら，小さな変化をつみ重ねていく考え方を意識させる

　「急成長もいいけれど，小さな成長のつみ重ねが大きな成長につながるんだよ」

　③ステップ4で未来像をもたせる

　「知らないうちに，点が上がっていたとしたら，どんなことになっているかな…」

　「そのときはどんな気分を味わっているだろうね？」

(3) 会話の継続を約束する
　「今日のことについて，また来週話してもいい？」

■留意点・コツ
・ステップ2で本人が見つけにくいときは，教師がその子の「よい過去」を示す。
・2人でワークシートを見ているときに，新しく自己評価できる観点が見つかったり，これからできることについてアイデアがわいてきたりしたときは追加記入する。
・禁句は，「わかっているんだったら，今日からしなさい」。

■子どもの反応
・慣れてくると，子どもが会話の中で，自分から「先生，私いま○○点なの」と現状を語ることがある。

参：P・ディヤングほか『解決のための面接技法　ソリューション・フォーカスト・アプローチの手引き』金剛出版

調子は何点？

あなたの名前：＿＿＿＿＿＿＿＿＿＿＿＿＿　※ペンネーム可　書いた日：＿＿＿年＿＿＿月＿＿＿日

ステップ1
いちばんつらいとき・うまくいっていないときをパワー0，気持ちや生活がOKになっているときをパワー100とすると，いま，あなたの調子は何点でしょうか？「ここだ！」と思うところに印をつけてください。

「最低のパワー」　　　　　　　　　　　　　　　　　　　　　　　　　　　　　　　　「OKのパワー」
0　　　　　　　　　　　　　　　50　　　　　　　　　　　　　　　100

ステップ2
①いま調子がその点数になっているのは，気づかないうちに，きっと何か工夫や努力をしたからなのです。自分なりにやった工夫を探して具体的に書き出してみよう。
②その工夫や努力はどのくらい成果があったかを振り返り，あてはまる数だけ☆をぬろう。
★★★大成功　★★成功　★いまいち

1 ＿＿＿＿＿＿＿＿＿＿＿＿＿＿＿＿＿＿＿＿＿＿＿＿＿＿＿＿＿＿　☆☆☆
2 ＿＿＿＿＿＿＿＿＿＿＿＿＿＿＿＿＿＿＿＿＿＿＿＿＿＿＿＿＿＿　☆☆☆
3 ＿＿＿＿＿＿＿＿＿＿＿＿＿＿＿＿＿＿＿＿＿＿＿＿＿＿＿＿＿＿　☆☆☆
4 ＿＿＿＿＿＿＿＿＿＿＿＿＿＿＿＿＿＿＿＿＿＿＿＿＿＿＿＿＿＿　☆☆☆
5 ＿＿＿＿＿＿＿＿＿＿＿＿＿＿＿＿＿＿＿＿＿＿＿＿＿＿＿＿＿＿　☆☆☆

■ヒント　「次のような場面や出来事を思い出してね」——学校生活でできたこと，学習面でやったこと，友達との間にあったいいこと，家庭でしたこと・してもらったこと，自分でしたこと，いい変化があったこと

ステップ3
さらにどんなことをしたら，もう少し点数が上がりますか。書き出してみよう。いくつでもいいよ。

1 ＿＿＿＿＿＿＿＿＿＿＿＿＿＿＿＿＿＿＿＿＿＿＿＿
2 ＿＿＿＿＿＿＿＿＿＿＿＿＿＿＿＿＿＿＿＿＿＿＿＿
3 ＿＿＿＿＿＿＿＿＿＿＿＿＿＿＿＿＿＿＿＿＿＿＿＿
4 ＿＿＿＿＿＿＿＿＿＿＿＿＿＿＿＿＿＿＿＿＿＿＿＿
5 ＿＿＿＿＿＿＿＿＿＿＿＿＿＿＿＿＿＿＿＿＿＿＿＿

■ヒント
「ステップ2を見てね」
・★★★をつけたことは続けよう
・★★は工夫してもう1回挑戦しよう
・★は思いきってあきらめよう

ステップ4
もしいまより少しでも点数が上がったら，どんな生活になりますか。思いつくかぎりくわしく書いてみよう。そのほかやってみて感じたことや思ったことも書いてね。

＿＿＿＿＿＿＿＿＿＿＿＿＿＿＿＿＿＿＿＿＿＿＿＿＿＿＿＿＿＿＿＿＿＿＿＿＿＿
＿＿＿＿＿＿＿＿＿＿＿＿＿＿＿＿＿＿＿＿＿＿＿＿＿＿＿＿＿＿＿＿＿＿＿＿＿＿
＿＿＿＿＿＿＿＿＿＿＿＿＿＿＿＿＿＿＿＿＿＿＿＿＿＿＿＿＿＿＿＿＿＿＿＿＿＿

私の実践紹介

今日のあなたは何点？

佐藤美三江（水沢市立東水沢中学校養護教諭）

スケーリングクエスチョンを合言葉に

中学校で頻繁に保健室を利用する生徒は，身体的な問題よりも心理的な問題をかかえていることが多い。そのため理由をどう言えばよいのかわからず，保健室に入るのを躊躇している場合がある。

そこで私は，入室の緊張を少しでも緩和するために，合言葉をつくって実践している。合言葉は，「今日のあなたは何点？」「今日の私は○点です」である。これは，保健室利用の多いA子が「お母さんと喧嘩して，今日は3点なんだー」などと話した後に，会話が進展した経験から思いついた。

2校時がすぎたころ来室するB男も，初めての保健室利用のときは，言葉が声にならないほど緊張していた。しかし最近では，こちらが質問しなくても，「今日の僕は7点かな。よく眠れたから」と理由も自分から話してくれる。その様子から今日は大丈夫と判断して，ほかの仕事をしながら「よかったねー。どうして昨日はよく眠れたの？」と会話を進める。休み時間が終わるとB男は教室に戻っていく。

いっぽう，元気がないときは「今日の僕は3点くらい」と点数が低いうえに理由も話さない。そんなときは隣に座り「そうか3点か。何かあったの？」と会話を進める。そして「今日は何点が目標かな？」「うーん，5点かな？」「3点を5点に上げるために，できそうなことはないかな？」と一緒に考える。なかなかいいアイデアが見つからない場合でも，1時間もたつと「ちょっとだけ元気になった。2点上げるようにがんばってみる」と話して教室に戻っていく。

「今日は何点？」という質問がスケーリングクエスチョンと呼ばれる技法であることを後から知った。この質問から始まる会話は，心理的な問題も含めて生徒を受け入れる姿勢と，よりよくなるためにどうしたらよいかを協同で探そうという姿勢を生徒に感じさせるコミュニケーションになっているようである。

小集団の人間関係を生かして

金山美代子（春日部市立谷原中学校養護教諭）

相談室登校の子どもたちに行ったSGE

相談室登校をしていた中3女子の1人が，「相談室へ行きたくない」と訴えて保健室に来た。理由を尋ねると，「相談室登校の生徒の中でグループができてしまい面白くないのだ」と主張した。

そこで，「いま自分が感じていること」を1人1人に聞いたところ，「ほんとうは仲よくしたいけれど，友達の嫌なところを見てしまったのでできない」ということが共通していた。そこで友達のよい点を見つけ，友達を信じることの大切さに気づかせることをねらって，構成的グループエンカウンターのエクササイズ，「トラストウォーク」「みんなでリフレーミング」「共同絵画」を行った。

振り返り表には，友達を信頼することの大切さ，友達に信頼されることの喜びに気づいたという内容が書かれていた。また，短所も見方を変えれば長所であること，友達も自分自身について嫌なところをもっていることがわかり，自分だけが自己嫌悪するのではないと知って安心したようであった。さらに共同絵画を通して，相手の気持ちを察することのむずかしさに気づいたようであった。

このことをきっかけに，5人は互いのよい点を認め合うようになり，何かで意見が食い違っても自分たちで話し合って解決できるようになっていった。また，「いまは教室に行けないけれど，来年3月の卒業式には5人一緒に壇上で卒業証書を受け取りたい」という目標をそれぞれが立てた。

しかし，いっこうに教室に戻る気配もなく3月になった。そこで，将来について考えるエクササイズ「人生時計」を行った。卒業式も間近に迫ってきたせいか，5人の心には明らかな変化が生じていた。振り返り表にも，自己実現，自己決定，自尊感情の高まりにふれる内容が書かれていた。

卒業式前日の夕方5時すぎ，彼女らのうち4人が登校して，担任が見守るなか練習をした。翌日も遅れることなく卒業式に出席し，無事に登壇して自らの手で卒業証書を受け取っていった。

COLUMN 7

対応のポイント②
ソーシャルスキルトレーニング

河村茂雄（都留文科大学教授）

　ソーシャルスキルとは，対人関係を営む技術のことで，その人が生活している国や地方，文化，年代，社会階層などによって，活用されるものは異なる。

　ソーシャルスキルトレーニングとは，このような生活の中で必要とされる効果的な対人行動の獲得を，体験学習を通して体系的に援助していくものである。

　対人関係で不適応になりやすい子どもは，ソーシャルスキルに問題をかかえていると考えることができる。子どもがソーシャルスキルをうまく活用して対人関係を形成することができない原因として，おもに次の3つが考えられる。

①ソーシャルスキルの知識がない

　友達の話は途中で口をはさまず最後まで聞く，相手の話に興味をもったら相槌をうつなど，人とうまくかかわるために同年代の子どもなら通常もっているような知識がない場合である。この場合，その子が学校生活で必要としているソーシャルスキルを，具体的な例をあげて教えることが教師に求められる。ソーシャルスキルには階層性があるため，基本的なところから徐々に高度なものへと，積み上げるように教えることが大事である。

②知識はあるが，適切な状況で遂行できない

　友達を励まそうとするがタイミングが悪かったり，相手の傷に踏み込みすぎたりするなど，気持ちと行動がちぐはぐで，うまく相手に伝えられない場合である。

　ソーシャルスキルをうまく活用するポイントは，相互性とタイミングである。生きている相手あってのソーシャルスキルである。知識としてもっているだけではダメで，体験を通して自分なりに適切に発揮できるコツをつかむことが大事である。仮想場面を設定して，ロールプレイ方式で実際に子ども同士で練習させることが教師に求められる。また，その子どもの身近な人の中から適切にソーシャルスキルを活用している人を指定して，その立ち居振る舞いを真似させるのも効果がある。このように観察しながら学んでいくことを「モデリング」という。

③不安や衝動性のために適切に遂行できない

　コラム5（73ページ）で紹介したような要因があり，子どもにソーシャルスキルを活用する余裕がない場合である。

　この場合，不安や衝動性とうまくつき合う方法を子どもに身につけさせることが第一歩となる。②と同様に，そのような場面を想定して，練習させることが大事である。

　学校生活で必要とされるソーシャルスキルを獲得できれば，子どもたちの不適応はかなり改善されるであろう。

第4章 練習をかねたエクササイズ

STEP 3 練習をかねたエクササイズ　先生と練習する → 小グループで練習する

☆☆☆私の困っていること☆☆☆

明里康弘

【小学生】【中学生】【高校生】

○ねらい　イライラ, もやもや, 気になっていること, 困っていることを, 書くことで意識化できるようにする。悩んでいるのは自分1人ではないこと, 困っていることを人に伝えることが解決につながることに気づくようになる。

○対象　高校受験, 来年度の進級（普通学級へ復帰するかどうか）を考えている子

1. 書いているとすっきりするなぁ／困っていることは…：
2. みんな似たようなことで困っているんだ／僕もアドバイスを書いてあげよう
3. みんなにもらったアドバイスを練習してみるぞ

時間　30分×2

■用意するもの
・ワークシート「私の困っていること」「アドバイスカード」「忍法○○解決の術」
・ハサミ, 困ったこと掲示板, 画びょう

■進め方
【初日】困っていることを書き出す
(1) 困っていることの記入を促す
　「最近の調子はどうですか。イライラしたりもやもやしていることはありませんか。イライラしていることを実際に書いてみると, 思っていたことと違っていたり, 何に困っているのかが明確になったりします」
(2) 書けたらワークシートを切り抜いて, 「困っていること掲示板」に掲示する
(3) 掲示したものをながめる（数人実施の時）
　1番多い「困っていること」をとりあげ, 「○○君も△△さんも, いつも元気な□□君も, みんな困っていることがあるんだね」

【随時】アドバイスをおくる
(1) いつでも掲示板を見てアドバイスカードをおくり合う

【数日後】アドバイスを取り入れる
(1) 友達がくれたアドバイスカードを見て, 「忍法○○解決の術」に書き出す
(2) 教師相手に練習する

■留意点・コツ
・「わからない」と言う生徒や黙っている生徒には, 「ちょっと言葉では言いにくいんだよね」など, その生徒の気持ちにピタッとした言葉をかける。

■子どもの反応
・「みんな悩んでいることがわかってよかった」「イライラしているのは自分だけではないことがわかり安心した」

参：國分康孝監修『エンカウンターで学級が変わる中学校編2』図書文化, P.100

……私の困っていること……

実施　　年　月　日（　）　名前　　　　　　　　　　　※ペンネーム可

調子はどうですか？　困っていること，気になること，悩んでいること，苦しいこと，イヤなことなどで，心がもやもやしていませんか。1つずつていねいに整理してすっきりしましょう。

1. 困ったことを入れておくポケットに書いてみよう。
   ①過去のこと，いま現在のこと，将来のこと。いつのことでもいいです。
   ②ポケットにタイトル（題）をつけてください。名前はペンネームでいいです。
   ③自分にとって重大な順に，ポケットの中央の○に，順位を書いてください。
   ④あなたの名前（ペンネーム）を出して発表していいものに○，先生に聞いてもらうだけで発表しないものに△，書くだけのものに×，というように，記号を右の□に書いてください。
2. 発表できるもの（○印）を切り抜いて掲示板にはろう。だれかがアドバイスをおくってくれるよ。
3. いつでもいいから掲示板にある友達の困っていることを読んで，「アドバイスカード」をおくってあげてね。
4. しばらくしたら，自分に届いたアドバイスカードを見て，「忍法○○解決の術」を作ってみるよ。アドバイスカードへの返事もかいてあげよう。

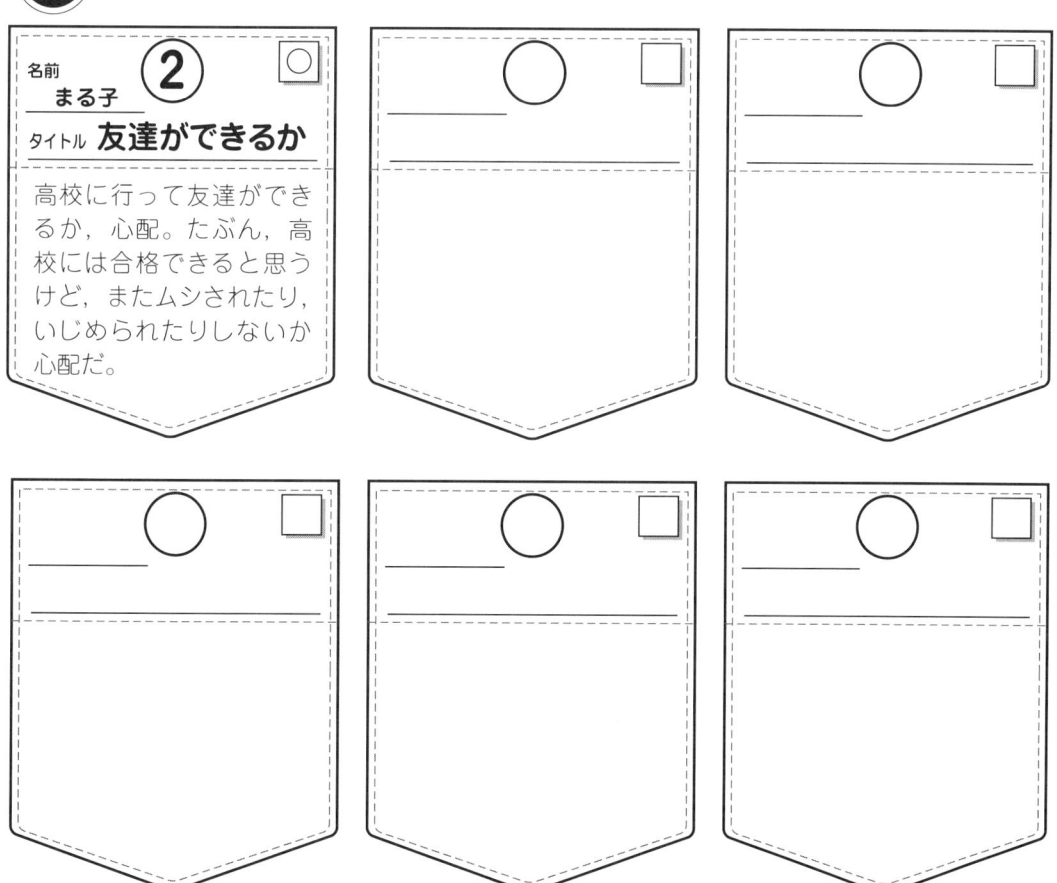

(例)

名前　まる子　②
タイトル　**友達ができるか**

高校に行って友達ができるか，心配。たぶん，高校には合格できると思うけど，またムシされたり，いじめられたりしないか心配だ。

アドバイスカード

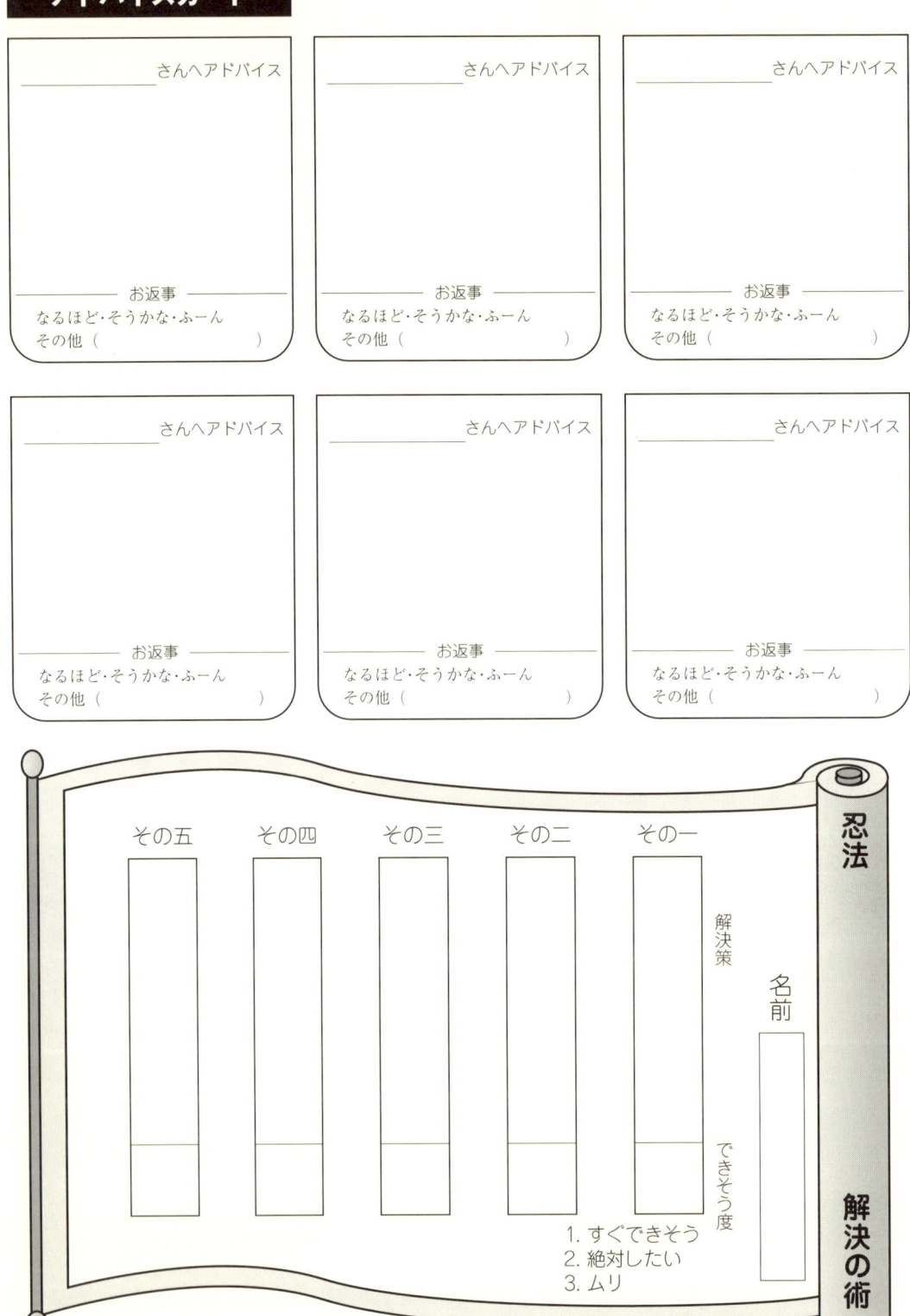

_____さんへアドバイス

お返事
なるほど・そうかな・ふーん
その他（　　　　　　）

_____さんへアドバイス

お返事
なるほど・そうかな・ふーん
その他（　　　　　　）

_____さんへアドバイス

お返事
なるほど・そうかな・ふーん
その他（　　　　　　）

_____さんへアドバイス

お返事
なるほど・そうかな・ふーん
その他（　　　　　　）

_____さんへアドバイス

お返事
なるほど・そうかな・ふーん
その他（　　　　　　）

_____さんへアドバイス

お返事
なるほど・そうかな・ふーん
その他（　　　　　　）

忍法　解決の術

その五　その四　その三　その二　その一

解決策

名前

できそう度

1. すぐできそう
2. 絶対したい
3. ムリ

私の実践紹介

きっかけはパソコンの入力練習

安達紀子（北区立滝野川小学校教諭）

自信を育て友達との楽しい会話をうみ出す

　Aさんは不本意な家庭の変化に戸惑い、登校できなくなってしまった子である。学習の遅れを気にしているが、すすんで学習しようという意欲もなくなっていた。保健室にはなんとか来ることができても、教室に行くことはできなかった。

　Aさんは、ジャニーズジュニアに夢中で、メンバーの名前などをいろいろと私に教えてくれた。しかし、私はその名前をなかなか覚えることができなかった。そこで思いついたのが、パソコンにメンバーの名前や特徴を入力することであった。

　これには、Aさんがほかのことを忘れて少しでも集中できる時間をもてるようにすること、ローマ字入力ができるようになり自信をつけること、Aさんと私のやりとりを記録に残すこと、というねらいがあった。

　初めは2人で頭を寄せ合い、一緒に1つ1つキーを探した。まもなくAさんは1人でできるようになり、得意気に説明しながら見せてくれるようになった。

　しだいに、保健室に来る子どもたちが一緒にパソコン画面をのぞくようになった。1つの画面を見ながらAさんは友達と自然に話していた。

　そのうち「今日あったうれしいこと」を1行ずつ書き加えていくようにした。自分で見つけられないときは、「こんなことあったじゃない。こんなことできたじゃない」と言って一緒に入力した。

　Aさんはパソコンを使って自然に友達と会話できるようになっていった。「ローマ字入力は私のほうが先輩よ」という気持ちから、教室で感じるような劣等感はない。友達も認めてくれている。ささいな内容でも画面を通した会話はとてもうれしいようだ。また何度も読み返すことができるし、書き直すこともできる。

　Aさんは保健室からパソコンを通して教室の友達とつながった。そして画面上だけではなく、実際に話ができるようになっていった。

誕生会給食でサイコロトーキング

福士典子（岩手町立岩瀬張小学校養護教諭）

小規模校の人間関係づくり

　全校20名にも満たない小規模校では、子どもたちは物心ついたときからお互いに身近な存在だから、自然に思いやりが育っていて、わざわざ人間関係づくりを行う必要はないだろう、と私は考えていた。

　しかし実際は、小さな集団だからこそ他者からの評価に敏感で、自分の考えを伝えるのが苦手だった。また、新しく出会う人や新しい場面では緊張しやすい、という側面ももっていた。

　これらはきっかけ次第で不登校を誘発しかねない要因である。新しい人間関係づくりに遭遇したときのつまずきを予防することも、子どもたちには必要だろう。

　そこで保健指導の場面や私の担当するスポーツ少年団活動で、自分の考えを具体的に発表させる機会を意識的につくった。

　その1つが月1回の誕生会給食で行うサイコロトーキングである。誕生日を迎えた子どもと教師がサイコロを振る。出た目によって、「私の宝物」「私の自慢」「私の好きな本・面白かった本」「将来の夢」「悲しかったこと・さびしかったこと」「うれしかったこと」のどれかを全校児童の前で語る。自分を語るよいチャンスである。

　全学年で行うので、低学年はあらかじめ好きなテーマを選び、担任の先生の支援を受けて発表している。感じたことを話し合う（シェアリング）時間が限られているので、十分な深まりは得られないが、自分を語る楽しさ、わかり合える喜びを感じ取るきっかけになればと考えている。

　担任と養護教諭が情報交換を意識的に行い、子どもたちの小さな成長を教職員みんなで感じながら、この子たちがもっているほんとうのやさしさを大切に大切に育てていきたいと考えている。

〈参考文献〉

国分康孝監修『エンカウンターで学級が変わる　小学校』図書文化

第4章 練習をかねたエクササイズ

STEP 3 練習をかねた エクササイズ　先生と練習する → 小グループで練習する

☆これで安心☆ 問題解決の秘法☆

米田　薫

小学生
中学生
高校生

○ねらい　　直面する問題を解決していくのに必要な考え方を身につける。
○対　象　　悩むことばかりに多くの時間やエネルギーを費やし，問題を解決するための一歩が踏み出せない子

時間
30分

■用意するもの
・ワークシート　・記入済みワークシート
■進め方
(1) ワークシートの記入を勧める
　「人にはいろいろ悩みがあるけれど，先生は悩みに苦しむことが少なくなっています。それは解決の秘法を知ったからです」

　（吹き出し）悩むことに時間を使わずに，どうやったらその問題を解決できるか考えて試してみない？

(2) 一緒に話し合う
① 各項目に書かれた内容を一緒に読んで確かめる
②「第5のカギ」では実行計画をよく練る
③「第6のカギ」では計画実施を評価する観点を考えておき，いつ結果を確かめるか機会を設定する。
　「この方法でうまくいったかどうかは，どうやって知ることができるかな」
(3) 後日，行動の結果を検討し，この方法を何度も試す

① 報告を受けたときには，小さな進歩もほめる。うまくいっていない部分については，追加の援助を実施する
② 折にふれ定着と般化を図る
　ワークシートを教室や家にはり，指さしながら「いま起こっている問題は何だろう？」と自問自答するクセをつける。

■留意点・コツ
・できれば教師が説明しながら取り組むようにするとわかりやすい。
・解決策が思いうかばない子には，選択肢を提示したうえで「ほかには？」と尋ねる。
・善悪の判断はしない。自由に解決策を考えることができるように，教師が突拍子もない策を提案するのも有効。
・グループ全員で1人の問題を考えると，選択肢も増え，計画を実行する意欲やメンバーのスキルが高まりやすい。

■子どもの反応
・選択肢を考える段階で「わからない」と言う子どもがいる。「例えば先日の○○の件は，どんなふうに考えて計画して，どうやったの？」と「すでにある解決」を引き出すことが援助者の腕のみせどころ。

参：ベラックほか『わかりやすいSSTステップガイド』星和書店

これで安心 問題解決の秘法

書いた日 ___年___月___日

あなたの名前
_____
※ペンネーム可

「困った！」「どうしよう！」という出来事にぶつかったとき，どう考えたらいいかな？　このシートが秘法を教えますぞ～

第1のカギ　何が問題なのかな？
困った出来事を簡単に書いてみよう。　例：謝ってきた友達を無視したままで仲直りしていないなど

第2のカギ　何ができるかな？
その解決策を思いつくかぎりあげてみよう。ちょっと心が軽くなるものでいいよ。その中に掘り出しものがあるよ。　例：「このあいだは無視してごめん」と謝る。もう一度謝るまで無視し続ける。

第3のカギ　それをするとどうなるかな？
第2のカギの中から，おすすめのものを表にかき込み，いろいろな観点から長所や短所を考えよう。

バッチリなら☆☆を2つ，まあまあなら1つぬりましょう。いまイチならそのままです。

	自分の気分は	相手の気分は	安全な方法？	公平な方法？	実行は可能？
解決策1	☆☆	☆☆	☆☆	☆☆	☆☆
解決策2	☆☆	☆☆	☆☆	☆☆	☆☆
解決策3	☆☆	☆☆	☆☆	☆☆	☆☆
解決策4	☆☆	☆☆	☆☆	☆☆	☆☆

第4のカギ　これでいこう！
★の数を参考にして，解決策ベスト1を選ぼう。万一それがうまくいかないときにどの手でいくかも考えよう。2つの解決策を組み合わせてもいいよ。

ベスト1

次の手

第5のカギ　実行計画を立てよう！
計画を立てたら実際にやってみよう。

手順1 ▶ 手順2 ▶ 手順3 ▶ 手順4

第6のカギ　やってみてどうだった？
実行したら結果を確かめ，作戦終了にするか，変更するか考えよう。

これが究極の秘法である。一生役に立つからどんどん使うのだよ～

第4章 練習をかねたエクササイズ

STEP 3 練習をかねたエクササイズ 先生と練習する → 小グループで練習する

☆ 心配なことチェック [遠足編] ☆

武蔵由佳

小学生
中学生
高校生

○ねらい　予期不安の強い子どもがもっている心配について理解し,対処法を考える。
○対象　日常の学校生活は普通にすごせるが,予期不安が強く,行事に参加したい気持ちはあっても,当日になると休んでしまう子

時間
30分

■用意するもの
・ワークシート

■進め方
(1) ワークシートの記入を勧める

> 遠足に行きたくないって言ってたけど,どんなことが心配なのかな。心配なところに色をぬってみて。どうしたらいいかはあとで一緒に考えよう

(2) ワークシートを見ながら教師と話す

> 先生も○○さんと同じで車に乗るとトイレのことがとても心配になるんだ。そんなときは,ジュースを飲まないようにすると心配が減るんだよ

① できそうな対処法を一緒に考える
　「先生と同じようにあまり飲み物を飲まないようにすることはできそうかな?」
② 具体的な時間,場所にふれて確認する
　「最初の休憩所の1階のレジの後ろにトイレがあるよ。家を出るときにトイレに行って,ここのトイレにも必ず入ろう」
③ その他の援助者に伝えておくことを話す

> 「もしものときは,担任の先生に合図をして『顔色が悪いから保健の先生のところに行きなさい』って言ってもらったらどうかな。保健の先生のところにはトイレに行った後に寄ればいいように,ちゃんと伝えておくからね。これでどうかな? で,どんな合図にしようか」

■留意点・コツ
・子どもが心配していると思われることを事前に書き込んでおく。「全国の小学□年生の『遠足で起こりそうで心配なこと』とをまとめたシートがあるんだよ」などと言って渡すと,恥ずかしがらずに書きやすい。
・心配事を意識している子どもには,項目も自分で記入するように促す。

■子どもの反応
・行事への参加のみを渋る子どもが,何を心配しているのか具体的に知ることができた。援助してくれる人の存在が子どもに安心感を与え,実際は心配にならなかったと言っていた。また教師も,子どもの状態に合わせて具体的に対処法を考えることができた。ただし,子どもの状態によっては行事への参加を強制しているように受けとめられ,負担となる場合があった。

心配なこと チェック 遠足編

1. 心配なところに色をぬってね！　　**2. 書けるところだけ書いてみてね。あとで先生と一緒に考えよう！**

前の日の夜にねむれるかな？	どうしたら大丈夫になるかな？
とても心配　　すこし心配　　心配していない	

ねぼうしたり集合時間におくれたりしないかな？	どうしたら大丈夫になるかな？
とても心配　　すこし心配　　心配していない	

バスよいをしないかな？	どうしたら大丈夫になるかな？
とても心配　　すこし心配　　心配していない	

だれがバスのとなりの座席にすわるのかな？	どうしたら大丈夫になるかな？
とても心配　　すこし心配　　心配していない	

バスの中でとなりの子と話すことがあるかな？	どうしたら大丈夫になるかな？
とても心配　　すこし心配　　心配していない	

うまく班行動できるかな？	どうしたら大丈夫になるかな？
とても心配　　すこし心配　　心配していない	

友だちとうまく話ができるかな？	どうしたら大丈夫になるかな？
とても心配　　すこし心配　　心配していない	

お弁当をだれと食べるのかな？	どうしたら大丈夫になるかな？
とても心配　　すこし心配　　心配していない	

急にトイレに行きたくならないかな？	どうしたら大丈夫になるかな？
とても心配　　すこし心配　　心配していない	

ケガをしたり事故にあったりしないかな？	どうしたら大丈夫になるかな？
とても心配　　すこし心配　　心配していない	

忘れ物をしないかな？	どうしたら大丈夫になるかな？
とても心配　　すこし心配　　心配していない	

みんなと遊べるかな？	どうしたら大丈夫になるかな？
とても心配　　すこし心配　　心配していない	

3. ほかにも心配なことがあったら書いてみてね。

あなたの名前：＿＿＿＿＿＿＿＿＿＿＿＿（ペンネーム可）

第4章　練習をかねたエクササイズ

STEP 3 練習をかねたエクササイズ　先生と練習する → 小グループで練習する

☆ 伝われ！私の「ありがとう」 ☆

岸田優代

小学生
中学生
高校生

○ねらい　　　気持ちを上手に伝える方法と伝わったときの喜びを知る。
○対　象　　　気持ちをうまく伝えられないために，友達との交流につまずいている子

（イラスト：「ゲームソフトをあげるね」「ありがとう！」「うれしそうな表情だよ」「声が大きいね」）

時間 30分

■用意するもの
・ワークシート，白紙のカード，筆記用具

■進め方
(1) ワークシートの1に取り組む
(2) 書いたことを見せ合いながら，話し合う
　①1人1人から詳しい様子を聞く
　②どれも気持ちの伝え方に問題があることに気づかせ，「練習すればきっと気持ちは伝わるようになるよ」と励ます
(3) 「ありがとう」の伝え方を練習する
　①1人1人に自分がほしいものをイメージさせ，カードを配って記入させる
　②1人がほかのメンバーにほしいものをプレゼントするロールプレイをする。もらった人は心を込めて「ありがとう」を言う。全員がプレゼントを渡す役をやる
　③心に残った「ありがとう」を発表し合う
　④「ありがとう上手さん」に再演させる
　⑤よかった点を話し合い，まとめる
　⑥みんなでまとめた言い方を教師が実際にやって見せ，1人ずつ②の要領でやる
(4) ワークシートに感想をまとめ，話し合う

■留意点・コツ
・グループでの話し合いやロールプレイでの抵抗を少なくするために，ウォーミングアップでリレーションづくりのための楽しいゲームをするとよい。
・教師は自己開示し，オーバーアクションで演じて見せるとよい。

■子どもの反応
・「ありがとうって言われるとうれしい」「友達に話しかけるのは苦手だけど，『ありがとう』の一言だったら自分にも言えそう」「いろいろな『ありがとう』があるんだ」

参：キャスリーン・ナドーほか『きみもきっとうまくいく』東京書籍

伝われ！ 私の「ありがとう」

あなたの名前：＿＿＿＿＿＿＿＿＿＿　※ペンネーム可　書いた日：＿＿年＿＿月＿＿日

1　1人でやってみよう

「こんなことよくあるな」と思うものに○をしてね。

- 友達にぶつかっても，すぐに「ごめんなさい」と言えない　（　　）
- 仲間に入れてほしいとき，「入れて！」と自分から言えない　（　　）
- 友達が怒ってしまったとき，「ごめんね」と言えない　（　　）
- 何かしてもらったとき，「ありがとう」とすぐ言えない　（　　）
- 自分から友達になかなか話しかけられない　（　　）
- たのみごとがあってもなかなか言えない　（　　）

2　みんなで一緒に考えてみよう

1で○をつけたことについて，そのときの様子を思い出してみんなに教えて。

3　みんなで一緒にやってみよう

「ありがとう」をみんなでやって「伝え方」を工夫してみよう！

①あなたがもらうととてもうれしいものは何ですか。1つ思いうかべ，ほしいものカードに書こう
②「あげる人」と「もらって『ありがとう』を言う人」に分かれてみんなでやってみよう。1人ずつが両方の役を順番にやってみます。カードをもらったら心を込めて「ありがとう」を言ってみてね
③「ありがとう」の気持ちがいちばん伝わったのはだれでしたか？　考えてみよう
④「ありがとう上手」の○○さん，もう一度みんなの前でやってくれるかな
⑤「ありがとう上手さん」のすてきなところを書き出してみよう

⑥よかったところをまねして「気持ちの伝わるありがとう」を1人ずつやってみよう！　まず先生がやってみるから，みんなもやってみよう！

4　振り返ってみよう

「ありがとう」の練習をやってみて，どんな気持ちだった？　書いてみてね！

①プレゼントをもらって「ありがとう」を言ったとき

②友達が「ありがとう」を言ってくれたとき

③うれしかったことは

④気づいたことは

第4章 練習をかねたエクササイズ

STEP 3 練習をかねたエクササイズ　先生と練習する → 小グループで練習する

みんなで探そう！ヘルプサイン

髙橋さゆり

小学生／中学生／高校生

○ねらい　ヘルプサインを出すことは，思ったよりもむずかしくないことを体験し，上手なヘルプサインを出すことができるように練習する。

○対　象　必要以上に相手の気持ちを考えすぎて，自分の思い（ヘルプサイン）を表現することにためらいや抵抗を感じる子

時間 45分

■用意するもの
・ワークシート

■進め方
(1) ヘルプサインについて説明する

> 人に何かお願いしたいとき，その気持ちを言葉や表情や態度で伝えることがヘルプサインです

(2) ワークシートに記入を促す
　①自分はどっちのタイプか振り返る

> こまったときに自分はこうすることが多いなと思うほうに○をつけてね！

　②自分がヘルプサインをなかなか出せないのはどんなときかを書く
(3) 書いたことを1人1人発表する
(4) みんなで練習してグッドサインを発見する
　①みんなでどんなときのヘルプサインを考えるか決める
　②「どんなヘルプサインが出せるか」を思いつくまま次々と出し合う
　③出た意見の中から，よさそうなものを選んでロールプレイで試してみる

> 上手にヘルプサインが出せるということは，自分の気持ちにもきちんと目を向けてあげることなんだよ。さあ，練習してみよう！

　④役立ちそうなものに印をつける
(5) やってみた感想を書く

■留意点・コツ
・時間的な余裕がないときは，何回か連続して行い，なるべく全員の分を取り上げる。
・ヘルプサインは言語と非言語が組み合わさっているほうが伝わりやすい。

■子どもの反応
・笑い合いながらも必死で行った。「みんなうまい！　これなら絶対伝わるよ」の声かけを行った。「気づいてもらえるってうれしい」「表情や動きだけでも気づいてくれる人がいるんだね」との声があがる。その後はヘルプサインを出すことへの抵抗が減り，上手にサインを出しながらおだやかな表情を見せるようになった。

参：國分康孝監修『ソーシャルスキル教育で子どもが変わる　小学校』図書文化

みんなで探そう！ヘルプサイン😢

1.こんなとき，あなたならどっち？

1. お腹が痛いとき（体調がわるいとき）	つらさを言葉で伝える……………………ガマンする
2. とても重い荷物を運ぶとき	「手伝って」と言葉で伝える………ガマンして1人で運ぶ
3. 勉強がわからないとき	手をあげて「わかりません」と言う………ガマンする
4. 悩みがあって打ち明けたいとき	だれかに相談する……………………………ガマンする
5. お願いごとがあるとき	「お願いがあるんだけど」と伝える………ガマンする

2.あなたがいつも「ヘルプサインが出せたらいいなあ」と思うのはどんなとき？

（いくつでもいいよ）

3.ほかの人はどんなときに出せたらいいと思うのかな？　書いたことを発表し合おう

◀◀◀◀　さあ，みんなでやってみよう！　▶▶▶▶

どんなときのヘルプサインを練習する？

みんなでヘルプサインの出し方をみつけよう。いくつか試して友達とやってみよう

やってみてどうだった？

あなたの名前：＿＿＿＿＿＿＿＿＿＿　※ペンネーム可　書いた日：＿＿年＿＿月＿＿日

第4章 練習をかねたエクササイズ

STEP 3 練習をかねたエクササイズ　先生と練習する → 小グループで練習する

怒りのコントロール

米田 薫

小学生
中学生
高校生

○ねらい　　怒りの感情をコントロールするソーシャルスキルを身につける。
○対　象　　怒りの感情を選びやすい子。切れやすい子

時間 30分

■用意するもの
・ワークシート　・記入済みワークシート

■進め方
(1) ワークシートの記入を勧める
「すごくカーッとしたことって1回や2回はあると思うけれど，いまは落ち着いているよね。どうやって気持ちを静めたのかな？」「もともと人間には怒りを静める力があるんだけど，それをもっと意識して使えたら素晴らしいと思わない？」
(2) ワークシートの1，2に取り組む
(3) ワークシートの3を説明し一緒に取り組む
　①怒りのメカニズムを説明する
　「同じことをされても，すぐ怒る人とそうでない人がいるね。それは人が単純に反応しているのではなく，感情を自分で選んでいるから違いが生じるんだよ」
　「『怒りっぽい人』と『落ち着いた人』のどっちに進みたい？」
　②コントロール法を教師がやって見せる
　③できそうな度合いを考え，記入させる
(4) 腹が立ったときを思い出して，コントロール法のうちから「練習すれば」や「絶対ムリ」のいくつかを選んでロールプレイで試す
(5) いまの怒りレベルを算出し，コントロール法の効果を実感する
(6) 怒りをコントロールできている未来を想像させ，意欲を高める

> 今度，これを使う機会があるとしたらどんなときかな？

■留意点・コツ
・子どもたちに共通の出来事をもとにしてスキルを説明していくとよい。
・導入に教師が怒りのコントロールのスキルを用いてうまくいった例を話すのもよい。
・保護者にも説明し，家族ぐるみで使ってもらうとよい。

■子どもの反応
・「いざというときに思い出して使えるかなあ」と不安がる子が多かった。定期的に経過を報告してもらい，成果は賞賛し，失敗体験にはその場でロールプレイを行なってサポートした。

参：菊池章夫・堀毛一也編著『社会的スキルの心理学』川島書店

怒りのコントロール

あなたの名前：＿＿＿＿＿＿＿＿＿＿　※ペンネーム可　書いた日：＿＿年＿＿月＿＿日

1. 最近，むかついた，頭にきた，腹が立ったということはありましたか？　どんなことでしたか？　書いてね。

   ［　　］

2. 最高にカッカした状態を10，ふつうの状態を0としたら，その怒りはどのくらいでしたか。

   レベル0　　　　　　　　　　　　　レベル5　　　　　　　　　　　　レベル10
   ├──┼──┼──┼──┼──┼──┼──┼──┼──┼──┤
   冷　静　　　　　　　　　　　　　　　　　　　　　　　　　　　　　　大爆発！

3. これは怒りをコントロールする方法です。どれくらいできそうかな？　できそうな度合いに○をつけてね。

怒りのコントロール法	できそうな度合い		
自分がいま怒りの感情をもっていることに気づく　例：「私はキレかかっている」	いますぐ1人で	練習すれば	絶対ムリ
相手と1〜2メートル離れてみる（イメージしてみよう）	いますぐ1人で	練習すれば	絶対ムリ
深呼吸を2〜3回する（最低でも1回は深呼吸しよう）	いますぐ1人で	練習すれば	絶対ムリ
「1つ」「2つ」と1〜5まで心の中で数える（最悪でも3までは数えよう）	いますぐ1人で	練習すれば	絶対ムリ
「落ちついて」「私は怒りをコントロールできる」と心の中で言い聞かせる	いますぐ1人で	練習すれば	絶対ムリ
落ちついた自分を取りもどしたら，次の行動を考える	いますぐ1人で	練習すれば	絶対ムリ

4. レッツロールプレイ！　1に書いた腹が立ったときのことを思い出してください。そして「怒りのコントロール法」を使ってみましょう。

5. 「怒りのコントロール法」をためしたときの怒りレベルいくつでしたか？

   レベル0　　　　　　　　　　　　　レベル5　　　　　　　　　　　　レベル10
   ├──┼──┼──┼──┼──┼──┼──┼──┼──┼──┤
   冷　静　　　　　　　　　　　　　　　　　　　　　　　　　　　　　　大爆発！

6. レッツチャレンジ！　いよいよ明日から怒りのコントロール法を使ってみましょう。
   急にカンペキにできちゃうものではありませんが，なにごとも練習，練習。うまく使えたら教えてね。もしうまく使えないことがあっても教えてね。どうしたらいいか一緒に考えよう。

私の実践紹介

教室へ戻ろうとする子の支援

竹崎登喜江（大田区教育センター教育相談員）

タイミングよく友達の援助を得る練習

　保健室登校の生徒にとって，クラスや部活の仲間に会うことはとても勇気がいる。

　最初のころ，カーテンの後ろに隠れて息をひそめていた子どもも，保健室での生活に慣れ，精神的にも安定してくると，部屋の中を歩き回ったり，簡単な養護教諭の仕事の手伝いをしてくれるようになる。そうなるとそろそろ教室復帰への準備が必要となるころである。

　子どもたちが教室へ復帰するには，保健室から教室への懸け橋となる友達の存在が必要である。タイミングよく友達の援助を得るためにも，人間関係の基礎である「あいさつ」や「自己表現力」を子ども自身が身につけることが大切になる。

　個別指導ができるという保健室登校の利点を生かして実践した中から2例を報告する。

①あいさつの練習

　「朝，教室に入ったら，何て言ってあいさつしたらいいの。朝から無視されるのはつらいよ」と，真剣な顔で聞いてきた子どもがいた。

　そこで2人で毎日，大きな声で「おはようございます」を言う練習をした。さらに教室のいろいろな場面を想定して，あいさつのシミュレーションを行った。「目と目を合わせて握手」をする練習も効果的だった。

②コラージュで心の表現力をつける

　保健室登校の子どもたちは，無理に話をさせようとすると心を閉ざしてしまいやすい。そこでコラージュ（はり絵）を媒介にして話を進め，自らの気持ちを表現することに慣れさせるようにした。コラージュは，画用紙，ハサミ，のり，雑誌があれば短時間で行える。

　コラージュの作業を構成的グループエンカウンターのエクササイズに見立てれば，大切なのは作業後のシェアリングを行うことである。作品を通して感じたことを，子どもと教師がお互いに語り合うのである。

学習に対する不安を受けとめる

赤崎俊枝（岩手県立一関工業高等学校教諭）

教科学習に生かす教育相談

　教室に長い間戻れない生徒たちは，授業の遅れも大変心配している。相談室に来てもなかなか話を始める言葉が見つからないとき，教科内容に関する質問を投げかけたり，ときにはワークシートにして生徒に答えさせたりしている。

　これは，別室登校をしている生徒が情緒的にも落ち着いてきて，学習に対するエネルギーも蓄えたタイミングで行なっている。そろそろ教室にいる生徒たちのことが気になり始めるので，少しずつ，耳と口を教室モードに慣らしていくという目的もある。

　中学校でもＡＬＴの訪問指導が充実してきているいま，工業高校の生徒たちも英語を聞くことにはとても興味を示す。さらに，生徒は知っている単語を並べるだけでも，教師が十分その意を汲んでやれば，聞こう，話そう，聞いてもらおうという意欲はどんどん喚起される。「相手の言うことがわかった」「相手に自分の言いたいことが通じた」という喜びを感じさせつつ，しだいに心を開いていくよう心がけている。

　まず初めに平易なあいさつから始める。"Hello."や"Good Morning."というあいさつだけで，にこっとすればしめたものだが，なかなかそうはいかない。ゆっくり話しながら，生徒が答えやすい質問を投げかけていく。"What time did you get up this morning?"，"What did you eat for breakfast this morning?"といった，簡単な単語で答えられる質問も多く用いる。生徒たちが答えやすい質問として，"Who is your favorite musician?"，"What is your favorite movie?"などもある。このときに心がけているのは，教師自身の考えも述べながら会話を広げていくことである。

　別室登校が長引いている生徒ほど，不安は大きいもの。生徒が「大丈夫，できる」という自信をもてるよう，教師は会話がプラスのフィードバックとなるよう留意すべきだと思う。

COLUMN 8

対応のポイント③
行動を定着させる上手なほめ方

河村茂雄（都留文科大学教授）

学習した内容を具体的にほめる

ソーシャルスキルトレーニングでは，今回は何のトレーニングをするのか，教師は事前に子どもに教え確認する。例えば，「相手が話しているときに，同感だったり興味があったりしたら，ほほ笑んだりうなずいたりして表現しようね。相手はよく聞いてくれてうれしいと感じるよ」という具合である。これを「プロンプト」という。

トレーニングがひと段落したら，教師はこの事前に確認した内容について，ほほ笑みながら，何がどうよかったかを具体的にほめる。

このとき，「A君，よかったよ」「よくできたね」という，漠然としたほめ方はダメである。また望ましくない行動は，あらためて取り上げず無視してよい。小さなスキルから一つ一つ身につけさせていく要領である。

ほめるタイミング

数人の子どもがいる中で，その子どもが練習した望ましい行動をした場合，教師はすかさずほほ笑みを送るなどして，それでよかったんだよというメッセージを与えてほめる。

最初は，望ましい行動が見られたときに，タイムリーにほめる。望ましい行動がかなりの頻度で見られるようになったら，ほめる回数も2～3回おきという具合に徐々に減らしていく。そして，教師にほめられなくてもその行動が定着するようにしていく。

そのころには，そうすることで，周りの子どもたちとうまくかかわれる喜びを感じられるようになっており，内発的な動機から行動が生起していくことだろう。

日常生活の中で

ソーシャルスキルトレーニングの目的は，子どもたちが学習したスキルを日常生活の中でうまく活用できるようになることである。したがって，不安であいさつできない子どもが，教室に入ってくる際に小さな声で「おはよう」とあいさつしたような場合，教師は「おはよう，声をかけてくれてありがとう」と，自然な対応をしながら，教師の感情を開示するとよいだろう。

また，子どもがあいさつしてくれなくても，返事があまり返ってこなくても，教師の方からあいさつを続けることも大事である。それが子どもにとってモデルになるからである。

変化の少ない教室の生活の中で，ほめることが少ないときほどほめるのである。結果ではなく，取り組んでいることを言葉がけに加えてほめると，子どもの意欲は持続する。

・失敗してもあきらめずに取り組んでいる
・望ましくない行動が減ってきた
・最初と比べてこんなところが伸びた

上手なほめ方ができることは，子どもとかかわるうえで，重要なポイントなのである。

第4章 練習をかねたエクササイズ

STEP 3 練習をかねたエクササイズ　先生と練習する → 小グループで練習する

☆☆☆ パワーアップ大作戦 ☆☆☆

藤村一夫

小学生
中学生
高校生

○ねらい　　教室に戻ったとき，不安だと思う場面に対処する行動をロールプレイ方式で練習する。原籍学級に復帰する意欲を喚起する。

○対　象　　少人数の子どもとかかわれるようになったが，まだ教室には戻れない段階の子

■用意するもの
・ワークシート
・のり

■進め方
(1) ワークシートに心配なことを書く

　　教室に戻ったときに心配なことを吹き出しの中に書いてみよう！

時間 45分

(2) グループで解決策を練習する
　①心配なことを発表し合う
　　「『何で休んでたの？』って聞かれたらどうしよう……」「私もそのことが心配！」
　②みんなに共通する心配について，どう行動したらよいかアイデアを出し合う
　③それをロールプレイ方式で練習する
(3) ワークシートの下欄でお守りを作る
　①いま自分のいちばん心配なことを書く
　②自分やみんなの考えたアイデアを「作戦」のところにまとめる
　③「はげましの言葉」に応援メッセージを書き合う
　④ワクにそって切り取り，3つ折りにしてノリではる。表に「お守り」と書く
　⑤名札などに入れて教室へ持って行く

■留意点・コツ
・ロールプレイを行う際，できるだけ教室と同じようなレイアウトに机を配置する。空き教室などで行うとさらに効果的。
・「上手だね」「表情がいいね」「あったかい感じがしていいね」などロールプレイには肯定的なフィードバックをする。ロールプレイの苦手な子に劣等感をいだかせないよう1人1人のよさを認めていく。
・「作戦」には，自分ができそうでしかも解決に結びつくと思うことを具体的な行動レベルで書けるよう援助する。

■子どもの反応
・初めは教室へ戻ったときのイメージがわかず，心配事を書き出せない子どももいた。しかし実際にロールプレイをしてみると，他の心配事も練習してみたいと意欲的に取り組むようになった。

★パワーアップ大作戦

名前
※ペンネーム可

教室で心配なことを，ふきだしに書いてみよう

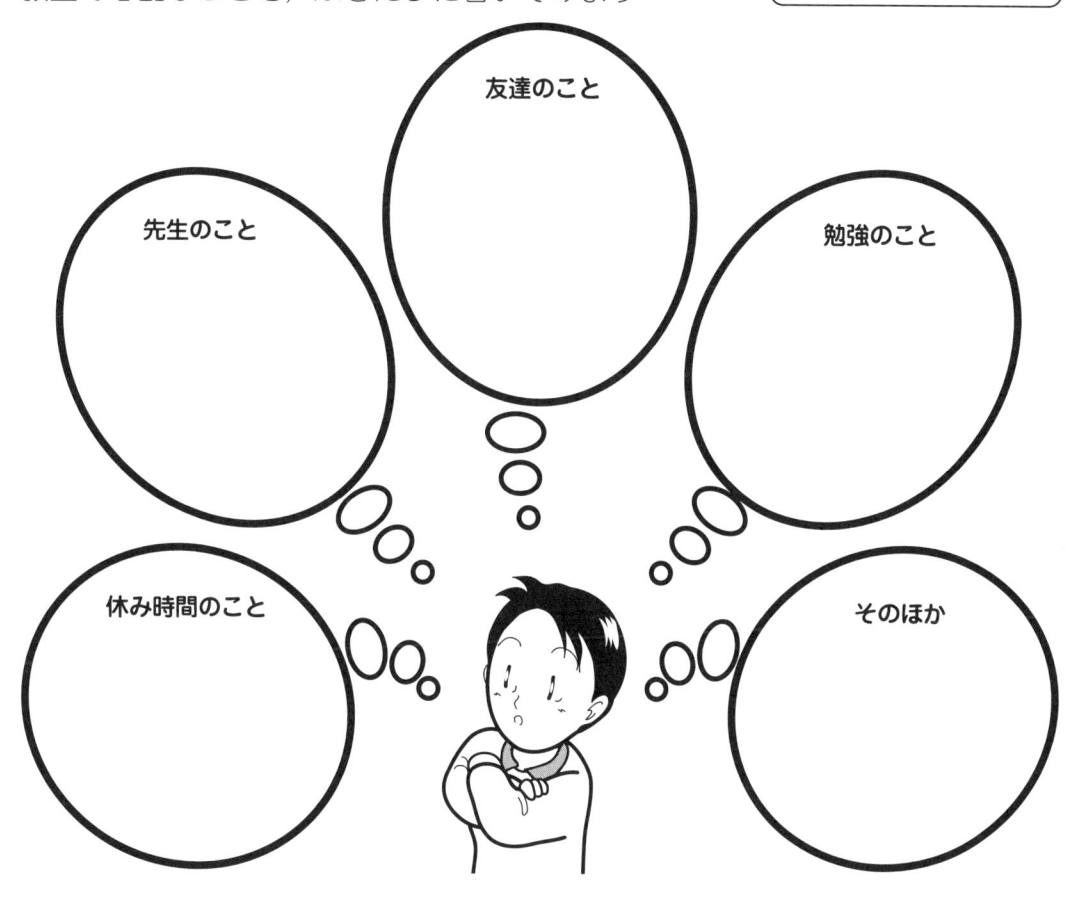

- 友達のこと
- 先生のこと
- 勉強のこと
- 休み時間のこと
- そのほか

お守りをつくろう！
ワクの線で切り取って3つ折りにし，名札などにしまっておこう

いちばん心配なことは	★作戦	はげましの言葉
です		より より より

第4章 練習をかねたエクササイズ

STEP 3 練習をかねたエクササイズ　先生と練習する → 小グループで練習する

☆☆ タイムスケジュール ☆☆

小野寺正己

小学生
中学生
高校生

○ねらい　相談学級や適応指導教室から、学校の教室に戻る際の不安を解消するためのスキルを学ぶとともに、小集団内でスキルをトレーニングする。

○対　象　相談学級や適応指導教室に登校していて、教室登校をしようという意思をもった子

■用意するもの
・ワークシート

■進め方
(1) ワークシートに記入を勧める

　「教室に戻るときに、不安なことはあるかな？　学校の1日のスケジュールを書いて、不安なことを書き出してみようか」

　「不安なことの解決策はあとでみんなで一緒に考えてみようね」

時間 **45分**

(2) 書いたことを1人ずつ話してもらう

　「○○君は、朝教室に入るとき、どうしたらいいかわからないし、不安なんだって。同じ不安がある人はいる？」

(3) みんなで解決策を考える

　「そうだよね、朝はいちばん緊張するときかもしれないね。その朝にどう行動すればいいか、考えがある人はいる？」

　「思い切って、あいさつしやすい人に向かって『おはよう！』って言うといいと思う」

　「なるほど、朝はなんといってもあいさつが大切というわけだね」

(4) 練習する

　「じゃあ、ここが学校の教室だと思って練習してみようか！」

(5) ほかの子について同様に繰り返す

(6) 出来上がったワークシートを「虎の巻」として使う

■留意点・コツ
・いきなり1日全部を書かせるのではなく、朝とか午前中から書かせると抵抗が少ない。
・なかなか決められないときのために、行動の選択肢を用意しておくとよい。
・具体的な行動は、教師と一緒に考える形を取るが、できるだけ自分で考え、自分で決めることを大切にする。
・できるだけ子どもの了解を得て、書いたシートを担任に見せ、担任が教室で配慮すべき時間や行動を把握してもらう。

■子どもの反応
・「教室に戻りたいが不安もある」という者同士が支え合いトレーニングすることで、前向きな気持ちになる生徒が多かった。
・不安な時間は、朝が多く、教室に入るきっかけづくりがポイントであった。

タイムスケジュール

教室での生活について，朝起きてからのことを時間を追ってイメージしてみよう！

その中で何か不安なことがあったら書き出してみましょう。1日全部でなくても書けるところだけでいいですよ。不安なことについては，あとで先生と一緒にどうすれば解決できるか考えます。どんな小さな不安でも，書いておくと教室での生活がスムーズになると思います。

いつのことを想像する？ _____

時　間	何をしている？	不安なことは？	どうすればいいかな？
7時			
8時			
9時			
10時			
11時			
12時			
1時			
2時			
3時			
4時			
5時			
6時			

あなたの名前：_____　※ペンネーム可　書いた日：＿＿年＿＿月＿＿日

第4章 練習をかねたエクササイズ

STEP 3 練習をかねたエクササイズ　先生と練習する → 小グループで練習する

☆「もしも」のときのヘルプカード☆

品田笑子

小学生
中学生
高校生

○ねらい　教室に復帰するときの不安を仲間と共有し，対処方法を共に考えることを通して，教室に戻ることへの抵抗を軽減する。

○対　象　不安が高くまだ教室復帰の一歩が踏み出せないでいる子

●ヘルプカードの記入例

ヘルプカード
陰口を言われた とき
クリアする方法
すぐに相談室の先生にいやな気持ちを話す

ヘルプカード
陰口を言われた とき
クリアする方法
クラスの友達に助けを求める
（1）山田花子さん
（2）佐藤美由紀さん

ヘルプカード
陰口を言われた とき
クリアする方法
勇気を出して自分の気持ちを伝える

時間
45分

■用意するもの
・ワークシート，のり，はさみ
・ヘルプカード（各自が自由に使えるよう数十枚ストックしておく）
・ヘルプカードの見本（教師が事前に用意）

■進め方
（1）STEP1を参考にして教室に戻ったときに心配なことを出し合う
（2）心配をクリアする方法をみんなで考える
　すぐに解決できそうなものは話し合いで解決し，不安の高いものはみんなでアイデアを出し合う。
（3）役立ちそうなアイデアはヘルプカードに書き，ロールプレイをして練習する
（4）ヘルプカードを入れる袋を作り，仲間や教師が応援メッセージを書く
（5）いまの気持ちをワークシートに書く
（6）心配な場面に出合ったときのヘルプカードの使い方をイメージする
　使い方の例……ポケットに入れたカードをさわる，ちょっとその場から離れてカードを見るなど。

■子どもの反応
・同じように復帰を目前にした仲間がいて不安を共有できると安心できる子が多い。
・一緒に練習した仲間や教師の応援メッセージが，解決の方法よりも心の支えになっている子どももいた。

「もしも」のときのヘルプカード

名前：＿＿＿＿＿＿＿＿＿＿＿＿＿＿＿　　※ペンネーム可

STEP1
あなたが教室にもどったときに心配なことをチェックしてみよう。ほかにも思いついたらつけたしてみよう。

①朝，友達に会ったときにうまくあいさつができるか心配　　（すごく心配・ちょっと心配・平気）
②みんなが勉強しているところがどこかわからなくて心配　　（すごく心配・ちょっと心配・平気）
③授業中，先生に当てられたとき答えられなかったら心配　　（すごく心配・ちょっと心配・平気）
④忘れ物をしてどうしたらいいかわからなくなることが心配　　（すごく心配・ちょっと心配・平気）
⑤クラスの友達にかげで悪口を言われないか心配　　（すごく心配・ちょっと心配・平気）
⑥＿＿＿＿＿＿＿＿＿＿＿＿＿＿＿＿＿＿＿＿＿＿＿　　（すごく心配・ちょっと心配・平気）
⑦＿＿＿＿＿＿＿＿＿＿＿＿＿＿＿＿＿＿＿＿＿＿＿　　（すごく心配・ちょっと心配・平気）
⑧＿＿＿＿＿＿＿＿＿＿＿＿＿＿＿＿＿＿＿＿＿＿＿　　（すごく心配・ちょっと心配・平気）
⑨＿＿＿＿＿＿＿＿＿＿＿＿＿＿＿＿＿＿＿＿＿＿＿　　（すごく心配・ちょっと心配・平気）
⑩＿＿＿＿＿＿＿＿＿＿＿＿＿＿＿＿＿＿＿＿＿＿＿　　（すごく心配・ちょっと心配・平気）

STEP2
「すごく心配なこと」をクリアする方法をみんなで考えよう。

STEP3
その中から役立ちそうな方法を「ヘルプカード」に書いて練習してみよう。

STEP4
ヘルプカードを入れる袋を作ろう。オモテに「勇気を出してチャレンジするぞ」という決意の言葉を，ウラには友達に応援メッセージを書いてもらおう。あとはこのカードをポケットにしまって，教室でチャレンジ。いざというときに役立てよう。

STEP5
いまのあなたの気持ちを自由に書いてみよう。

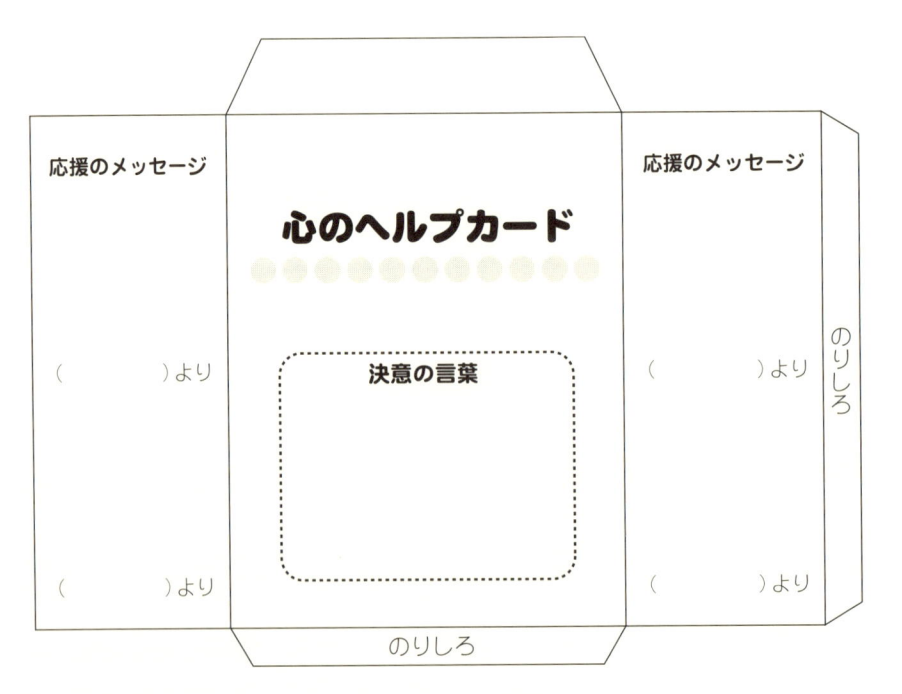

ヘルプカード

_____とき

クリアする方法

ヘルプカード

_____とき

クリアする方法

ヘルプカード

_____とき

クリアする方法

ヘルプカード

_____とき

クリアする方法

ヘルプカード

_____とき

クリアする方法

ヘルプカード

_____とき

クリアする方法

心のヘルプカード

応援のメッセージ

（　　　　）より

（　　　　）より

決意の言葉

応援のメッセージ

（　　　　）より

（　　　　）より

のりしろ

のりしろ

私の実践紹介

相談ポストと掲示板の思わぬ効果

川村博昭（岩手県立雫石高等学校教諭）

身近な相談室に

　友人関係や学習のことなど，高校生もさまざまな悩みをもっている。悩みを相談したり解決したりできずに問題が複合的に絡み合ってしまうと，不登校や中途退学の問題に発展することも多い。

　しかし，生徒はなかなか相談室には来てくれないものである。私が初めて相談担当になったときも，相談室は閑古鳥が鳴いていた。担任を通して，「相談室には担当者が常駐しているのでいつでも相談ができます。秘密は守りますから，悩みのある人は来室してください」と連絡してもらっても，相談に来る生徒はいなかった。生徒の社会化を主たる役割としている教師は，生徒にとって相談対象にならないのだろうかと考えたこともあった。

　担当者が話し合って，相談室を気軽に来室しやすい，いわゆるサロンのような雰囲気にするために，さまざまなアイデアを出し合った。

　他校の実践に学んで，床に絨毯を敷いて応接セットを用意した。花瓶に花を生けて飾り，壁にもポスターを貼るなどして明るい部屋に模様がえをした。その結果，相談室は家のように変わった。

　そんなとき，「訪問者が少ない家もあるけど，たいていの家には新聞や手紙が来るよね」とだれかが言った。そこで大胆にも，相談室のドアに大穴をあけて，室内から開け閉めできる鍵付きのポストを取り付けた。係としてはできるかぎりのことをしたつもりであった。

相談ポストの成果

　それから一週間，一通の手紙が届いた。生徒が我々の活動に目を向けてくれたと感じられて，うれしい気持ちで封を開けた。

　ところが，たしかに悩み相談は書かれているのだが，差出人が書いていない。つまり，相談に応じようにも応じられない状況なのである。

　いろいろと思案して，回答を模造紙に書いて掲示することにした。悩みを公開して回答することについて，係の中からも守秘義務にかかわる問題が指摘されたが，「相談に答えたいという思いから公開する」という旨を述べることと，個人が特定されるような内容を控えるように配慮することで大丈夫ではないかと判断した。

　掲示直後の生徒の反応はとても大きかった。多くの生徒が模造紙を眺め，友達同士で話していくのである。さらに翌日，ポストを開けてびっくりした。前日の掲示についての投稿が10通もあったのである。「同じような悩みをもっている人がこの高校にもいたんだ」「実は私も友人関係で悩んでいます」「先生たちの回答，けっこういいと思う。参考になった」「回答の内容は違っているのではないか」などの内容であった。我々は，それらにも回答して掲示した。このようにして，回答と投稿がいくども繰り返された。

　1か月がたったころ，友人関係に悩む生徒が相談に来た。掲示をみて「相談してもよさそうだ」と思ったからということであった。その後，相談手紙や投稿は少なくなったが，友人関係，進学の悩み，学習の遅れの悩みなどを生徒が相談しに来た。

掲示板を使った公開相談

　相談ポストと公開相談を行ってみて，生徒は匿名でも自分の本音を表現することや，それに応答があることに満足感をもつのではないかと考えている。相談やカウンセリングというと1対1の関係を想像してしまうが，1対多，多対多などどんな形であってもいいのである。生徒の声を聞き，それに答えるという繰り返しが互いの信頼関係を築いていき，それが個別の相談につながっていくことに気づかされた実践であった。

　生徒は悩みをかかえ，さらに「そんなふうに思う自分は，人とどこか違うのではないか」と思っているようである。しかし，同じような悩みをもっている生徒がほかにもいることを知ると安心することができる。

　学校内には，自分の悩みや問題を表現したくてもできないでいる生徒がけっこういる。そんな生徒が気軽に相談できる環境を用意するところから，学校教育相談が始まると考えている。いたずらやふざけた投稿が1通もなかったことがそれらを示していると思う。

不登校の子どもたちを援助する機関

　不登校の子どもたちの指導・援助は，その子が在籍する学校以外では，どこでどのように，行われているのでしょうか。そのおもな公的機関は，①適応指導教室，②相談（指導）学級，③（病弱）養護学校などです。

(1) 適応指導教室

　適応指導教室は，都道府県あるいは市町村の教育委員会が設置する，不登校児童生徒のための支援機関であり，現在は全国に900以上の教室が設置されています。対象は近隣の小学生・中学生です。教育センター等の学校以外の場所や学校内の余裕教室に設置され，不登校の子どもたちの居場所として機能しながら，個別カウンセリングや集団での指導，教科指導等を行うことで，学校生活への復帰を支援しています。具体的な活動としては，相談活動や体験活動（調理実習や宿泊体験など），スポーツやゲーム，学習活動をあげることができます。

　適応指導教室は，子どもと子ども，あるいは子どもと指導員が「出会う」場です。この出会いの中で，子どもたちはさまざまな活動を通して元気を回復したり，人と交流する喜びを知ったり，自分の存在を肯定的に受け入れる気づき等を積み重ねて成長していきます。個別のかかわりを越えた力，つまり集団のもつ治療効果が秘められている場であるということができます。

（髙橋さゆ里）

(2) 相談学級

　相談学級（相談指導学級，相談指導教室）は自治体により小・中学校内に置かれていて，近隣の学校の不登校生徒が通えます。適応指導教室以前は文部科学省（旧文部省）が不登校児童・生徒の居場所としての通級を認めていなかったので，苦肉の策として各自治体がハンドメイドで相談学級を設置していきました。そのため相談学級は，法律上は特別支援（特殊）学級の枠を借りており，正式には情緒障害学級として成り立っています。通常の情緒障害学級との違いは「不登校生徒」が条件であることです。

　各自治体によりシステムも実態もかなり違います。在籍する子どもの数も，数人程度から30名を超える場合まであり，配置教員数もさまざまです。また時間割も，教員数や生徒の実態に応じて組まれます。ある相談学級の場合は，毎日の学習時間のほかに国語・数学・体育・英語に関しては各教科の先生に応援に来てもらって週1時間の授業を受け，それらを在籍学校での評価につなげられるよう工夫しています。このように学校内にある人的・物的なリソースを活かした援助を行っています。

（川端久詩）

(3) 養護学校（病弱養護学校）

　平成12年度の調査では病弱養護学校は全国に95校あり，「継続して医療又は生活規制を必要とする程度」の児童生徒が通っています。重症心身障害児病棟に入院する重複障害児を除くと，生徒の入院期間は短期化しており，再入院などを繰り返すケースも多くなってきています。

　また小・中・高校で不登校状態に陥った児童生徒が慢性疾患（喘息，アトピー性皮膚炎等）を伴う場合があり，その治療のために入院，養護学校に転校するケースも全国的に増えてきています。そうした児童生徒は，病気や病状に配慮しながら「小・中学校，高等学校に準ずる教育」を受けています。人とかかわることが苦手な彼らが，養護学校には休まず通えることが多い理由としては，少人数学級のため教師が十分にかかわれること，病状等に合わせた柔軟な時間割が組めることなどが考えられます。つまり，自分がいまもっているエネルギーで学校生活を送る環境が整えられているからでしょう。少しずつリズムを取り戻し，元気に活動する彼らを見るのは何よりうれしいことです。

（編集部）

第5章

教育現場の実際

保健室，適応指導教室など，それぞれの場所の特徴を生かしてどう子どもたちへかかわっているのだろうか。互いの実践から学び合おう。

1. 保健室での対応の実際
2. 相談学級での対応の実際
3. 適応指導教室での対応の実際
4. 養護学校での対応の実際
5. 校内相談室での対応の実際

保健室 での対応の実際①

犬とのふれあいから始めた居場所づくり

　小学3年生のA男はやんちゃな反面，ささいな事柄にこだわったり，苦手なことや経験のないことを避けたがる傾向がみられる子である。「遅刻すると先生にしかられる。みんなにどうしたのと聞かれたときに，何と言っていいかわからない」などと話すことがあった。

　そんなA男が1学期の途中から登校を渋るようになった。3年生になるときのクラスがえで仲のよい友達がいなくなったこと，また初めて男性教諭が担任になったことにより過度の緊張を感じているようで，ささいなことを理由にして休みたがった。

　校内教育相談会で協議した結果，2学期に入ってから保健室登校をすることになった。

リレーションづくりと援助資源の発見

　ゲームや遊びを通して養護教諭とのリレーションづくりをしていく中で，遊ぶことが面白くなり，A男はわずかながら登校に目的がもてるようになった。そして，夕方からの登校をしばらく継続した後，午前から登校するようになっていった。その後は，養護教諭と一緒に図書室や会議室，職員室に行くことができるようになり，廊下などで出会う職員や来客にも，促されれば小声であいさつをすることができるようになった。

　このように，わずかずつではあるが変化がみられた。しかし，相変わらず表情が乏しく，周囲からの働きかけに対しては反応するが，自分の思いを表現したり，自分の意志で行動したりすることには抵抗を示した。

　そのような状況の中で，A男が祖母の家の近くで飼われている犬のことを話題にした。「僕が捕まえようとするとどんどん走って逃げるんだ」とか，「お祖母ちゃんの家に行ったときは必ず犬に会いに行くよ」と，犬の話題になるととても楽しそうに話しかけてくるようになった。そんなときのA男は，笑顔で表情も明るく，動物が好き，とくに犬が好きだということがよく伝わってきた。

　そこで，動物とのふれあいがA男の動機づけの資源になるのではないかと考え，養護教諭の飼っている犬との出会いを設定した。

動物とのかかわりをきっかけに

　A男は初めての出会いから積極的に犬とふれあい，とても楽しそうに遊んだ。母親からも，犬と遊んだ後はすごく元気になり，犬から元気をもらったようだと報告を受けた。

　A男は犬との散歩を心待ちにするようになり，気力の高まりからか，児童会主催のゲーム集会や学年集会へも徐々に参加できるようになった。また，休み時間に教室に入って，クラスの児童と遊ぶようになっていった。

　散歩はその後も何回か行ったが，A男は犬に対して自然に思いを表現しているようにみえた。もともと偏食で食事にも時間がかかり，給食が苦手だったが，このころから保健室で

渡辺淳子
（盛岡市立桜城小学校養護教諭）

給食を食べるようになり，昼休みにもクラスの子たちと遊ぶことを望むようになった。

A男が家で犬の話をしたことから，不登校傾向にあった姉（中1）も犬の散歩に来るようになった。家庭で犬の話題が多くなり，また生き物を飼いたいという思いが出てきて，熱帯魚を飼って世話をし始めた。熱帯魚の卵が親魚に食べられた話や卵がふ化した話をしてくれたり，犬を飼いたがって本やペットショップで犬のことを調べ始めたりと，何かをしようという意欲の高まりが感じられてきた。

かかわりの対象の拡大

このころ，A男は迷路づくりに熱中し，低学年，中学年，高学年用の自作の迷路を持ってそれぞれの教室を回った。各教室で「A男君，すごいね」とほめられたり認められたりして自信をもつようになった。2学期も終わりに近づいたころから，算数など得意な学習にも取り組めるようになっていた。

犬の散歩は冬休みに入っても継続した。休み中は7日間登校して算数の学習に取り組み，2学期分までの教科書を終えた。冬休み最後の日，別れ際に「じゃあ，明日ね」と声をかけると，A男はとまどいながらもうなずいた。

翌日の3学期始業式，A男は朝から登校した。自分の学級の席には行くことができなかったが，職員席で始業式に参加した。帰り際に始業式に出た感想を尋ねると，「困ったけど出ることができてよかった」というような言葉を聞くことができた。その後，3学期に入ってからは，教室に再び登校できるようになっていった。

4年生に進級したときは，担任が変わったためか4月当初に登校を渋る傾向がみられたが，A男は保健室登校することなく，毎日登校できるようになった。

子どもに応じた援助資源の発見

養護教諭との関係づくりの後，動物とのふれあいをきっかけとして，かかわり合いの範囲を広げていくことを試みた。その結果，保健室という自分の居場所を確保しつつ，A男は犬とのふれあいを通して少しずつ少しずつ次のステップへの活力を得ていくことができてきたように思う。自作の迷路を教室へ持って行く等の行動は，自己表現の対象やかかわり合いの範囲が広がっていった成果であろう。

動物の存在自体に不安を減らす効果があるという研究もあるが，子どもとのかかわりの中で援助資源を発見し，それを活かしていくことが大切だと考えている。

＜参考文献＞
・A.H.キャッチャー／A.M.ベック編　コンパニオン・アニマル研究会訳『コンパニオン・アニマル』誠信書房　・横山章光『アニマル・セラピーとは何か』NHKブックス　・山崎恵子／町沢静夫『ペットが元気を連れてくる』講談社　・國分康孝／門田美恵子『保健室からの登校』誠信書房

保健室 での対応の実際②

会話の苦手な子には絵カードで会話

水面下の心の声

保健室登校の子どもたちは，教室で友達とあまり話したがらなかったり，休み時間に遊びの輪に入らなかったり，また授業に参加できなかったりすることが多くある。そんな彼らは，友達とかかわることにとても臆病になっているようにみえる。

子どもたちは，自分の考えや思いを友達に話したときに，うまく伝わらなくて辛い経験を過去にしていることが多い。また友達の輪の中で居心地の悪い経験をした子どもは，自分の感情を表現することに対して，とても消極的になる。話すことはもちろん，行動にも自信がなくなり，感情を表現したり感情交流することや友達とかかわったりすることを避けるようになるのである。

しかしそれでいて，友達の会話や行動には目と心のアンテナを張り巡らせ，敏感に察知している。無表情を装って感情を表面化しないようにしているが，内面的にはおだやかでないことが多いのである。

このように「心の声」を水面下に潜ませ，語らず動かずのポーズで，自己表現している子どもが多いように感じている。

言葉で話すむずかしさ

保健室登校をしてたＡ子は，話しかけられてもすぐに返事をすることができずにとまどったり，友達とあまり話したがらなかったり，自分からすすんで集団の中に加わろうとはしない子であった。そのとき感じていることや考えていることなどを聞き出そうとしても，スムーズに会話ができない。教師が聞き出そうとあせればあせるほど，Ａ子から言葉は出なくなっていった。

だれでも，自分の思いや考えを理解してもらえないと感じると，人とかかわりをもとうという働きかけをしなくなるものである。日々の会話においても，両者の間に言葉の行き違いがあったり，話している者の感情の温度差で受けとめ方が異なったりすることがある。このようなことから，相手に自分を受けとめてもらえないと感じたときには，表面的で手応えのないうわべだけの交流になってしまう。

保健室登校の子どもたちに教師が一方的に話しかけても，彼らと相互に気持ちを受け入れ合う準備ができていなければ，心の通った会話は成立しないのではないだろうか。

私は，「感情を言語化することはむずかしい」ということを実感した。そこで，会話とは別の方法を模索することにした。

絵カードで自己表現

お正月の遊びに「福笑い」がある。これを利用して，いまの自分の気持ちを顔の表情で表してもらうことを思いついた。顔の横には

柴田綾子
（岩手県浄法寺町立大嶺小学校養護教諭）

吹き出しをつけて，「心の声」も書き込めるように工夫した。

顔の輪郭と吹き出しがかかれた絵カードを準備し，顔の表情と，吹き出しの中にその日の気分や考えていること，感じていることをかくように伝えて渡した。カードを渡されたA子は，困惑した表情でかき始めた。

初め，かかれた目や口元は一文字に結ばれ，表情というよりは，線を引いただけの顔だった。

このカードをかくようにしてからは，保健室にいる時間はA子と無理に会話をもたないように心がけた。カードを通じて彼女の気持ちを聞くようにしようと思ったからである。

会話のキャッチボールをしていたときは，自分のホンネを表現することが苦痛に見えていたA子だったが，この「かく」作業を与えてからは，少しずつ雰囲気に変化がみえてきた。声をかけられてドキドキしながら対応しなくてもよくなり，保健室が居心地のよい所になったようだった。また「かく」作業によって，冷静に自分の感情と向き合って，改めて自分のホンネを知ることができたようだった。

何よりもカードをかくようなってから，表情がおだやかになり，かいている姿は楽しそうであった。A子にとって絵や吹き出しで感情を表現することは，目新しい表現法のようであった。

約10日後にかかれた目や口元は，線から膨らみのある形に変わり，色も加えられていた。重苦しい雰囲気が自然となくなり，独り言のようなつぶやきも聞けるようになった。

私は，かかれた顔の表情と吹き出しの言葉をA子の「心の声」として肯定的に受けとめるよう努めた。それはA子に，自分なりに表現したことを他者に受けとめてもらえる喜びや楽しさを味わわせたかったからである。受けとめられる安心感は，A子の表情の明るさに表われているように見えた。

また福笑いの表情も豊かになり，それにつれ友達の声を聞くことができるようになっていった。

沈黙の時間と自由の保障

絵カードを渡してから完成させるまでの時間は，子どもだけのものである。かく作業によって，子どもに沈黙の時間と自由を保障したことは，安心感と信頼感を与えたと思う。

また絵カードを作成し，それが肯定的に受けとめられる体験は，A子の自信につながったように思う。自己表現を肯定的に受け入れられる安心感は不適応症状の緩和の一助になったと思う。

A子は，保健室登校を始めて約2週間後，学級の班がえの話し合いからスンナリと教室に入ることができた。現在は友達の輪の中で，楽しそうな表情で明るい笑い声を響かせている。

保健室での対応の実際③

ストレスマネジメント教育を活用した保健室登校へのチーム支援

ストレスマネジメント教育とは

　学級は，学校生活における子ども一人一人にとっての心の基地であり，人間形成の場となる基礎的集団である。しかし中には，心身にさまざまなストレスをかかえ，緊張や不安を強いられている子もいる。そのような子どもの不適応行動を早期に発見し，適切な予防的措置をとることは大切である。

　これを可能とする有効な教育援助法の1つとして，ストレスマネジメント教育をあげたい。この基本的ねらいは，人として生きていくための基本的な感じである「安全で安心な感じ」を回復させ，ストレスを上手に自己管理する術を提供することにある。

　ここでは，教育相談担当（筆者），担任，養護教諭が連係しながら，①学校不適応（傾向）児童生徒の早期発見，②早期予防的措置，③アセスメント，④治療的な個別支援までをチームで行った例を紹介したい。

心と身体のストレス反応に気づく

　A子は失愛恐怖が強く，いつも内的な緊張と不安をかかえている4年生の女の子である。学級の中でも周囲に対して過剰なまでの気遣いが見られ，心のエネルギーもかなり低下し，しばしば休みがちであった。

　A子を心配した担任より，教育相談担当に相談があった。そこで，筆者と養護教諭と担任を交えたチームによるストレスマネジメント授業（2時間扱いの保健学習）を実施した。授業展開は，構成的グループエンカウンターの原理と手法を用いて，前半ではストレスについての概念的教育を，後半ではストレス対処法としての体験ワークを取り入れた。

　授業後のストレスチェック表を見るかぎり，ほかの児童の状態不安得点は全員軽減していた。いっぽう，A子の不安得点は危険ラインにあり，ワークシートには，ストレス要因としての家族の危機が具体的に記述されていた。いまの状態では，A子が完全不登校になるのも時間の問題であると考えられた。

　放課後，筆者はA子との面接に臨んだ。ストレスマネジメント授業を体験したA子は，「先生，もう限界だよ。疲れたよ。ゆっくり休みたい」と訴えた。また動作面接では，A子の肩周りから躯幹部にかけて硬い筋緊張が見られ，過剰な適応を強いられていたA子の姿を読みとることができた。A子は，自分の身体が悲鳴をあげていることに気づいていた。

援助の方針と母親への支援

　その後のA子への援助について，教育相談担当は，担任，養護教諭と協議し，下記の方針でA子の危機介入を図ることにした。

①**第1段階（失われた体験の回復段階）**
　母親との時間制限面接を提案し，人と

森田 勇
（栃木県河内町立岡本小学校教諭，同町教育研究所教育相談担当）

保健室 → 小学校／中学校／高校

しての基本的な感じ(安全で安心な感じ)を回復するためにA子の治療的退行を行う。

②第2段階（再体験・再構成の段階）

保健室登校の中で，養護教諭とリレーションを築きながら，ストレス対処スキルや人間関係スキルを獲得し，適応力が向上できるようA子を支援する。

③第3段階（学級再適応の段階）

A子が学級に再適応していくため，担任が学級の側に受け皿をつくる。

①は，母親へのカウンセリング過程である。母親を支援することで，母親が情緒的支えとしてA子にかかわることを可能にし，A子の心のパワーを回復させることが目的である。

具体的には，添い寝，買い物，共同料理，会食，交換日記など，可能な限りA子の内的欲求にそって一緒に楽しんだり，母子ペアによる肩の弛緩動作（安心感と母子の感情交流を育む体ほぐし）などができるようにした。A子が完全に学校に来られなくなる前に，母親をサポートしながら母子関係を支えることで，保健室登校段階での支援が可能となる。

保健室登校によるA子へのチーム支援

②の保健室登校の段階では，養護教諭とA子にリレーションを構築することがまず求められる。そこで，A子をあるがままに受容し，共感的態度を維持しながら治療的会話をつくり上げていくために次のような工夫をした。

例えば「雨，曇り，晴れ」の3種類の天気マークを「心の天気図」に書き込ませ，これを会話のきっかけとした。また，コラージュ，共同絵画，粘土，ボディワーク（リラクセーション）などから，A子の特性や症状に応じたものを活用して感情交流を図った。

次に，問題解決スキルやストレス対処スキルを獲得できるような場面をA子と一緒に考え，具体的に設定して支援していった。

例えば，朝の会の終了時に健康観察簿を廊下に出しておくよう各担任に依頼しておき，A子が回収して，出欠の統計を取るのを手伝えるようにした。また，低学年の児童が保健室に来室した際の世話役を与えたりした。

さらに，担任と連携を図りながら，工作，計算・漢字プリント，作文などの簡単な学習課題を与えたり，自学級に割り当てられている動植物の世話をさせたりして，できることを少しずつ積み重ねるようにした。

また，学級へ戻る準備として，無理なく級友とリレーションの拡大を図れるような課題（保健室会食，飼育当番，参加体験型学習への参加など）をスモールステップで設定した。受け皿となる学級の雰囲気も，担任を中心につくっていった。

このような一連の援助過程で，A子は自己存在感や安心感を回復し，半年あまりで学級への再適応を果たしていった。

保健室 での対応の実際④

「できる」体験と受容体験の積み重ね

　精神的健康問題をもつ子どもたちは，不安や葛藤のために教室にいることができないときの避難場所として，また病院や学校と家庭，教室と家庭との中間場所として保健室を有効に活用している。養護教諭はそこにいて，共に時を見すえ，たえずわき出てくる子どもたちのエネルギーの量と質を感じ取り，暗黙のうちに推し量っている。そして子どもたちは，必要なエネルギーを獲得すると，仲間を求めて再び教室へ戻っていく。

A男との出会い

　中学入学後から1人でいることの多かったA男は，2学期，同じクラスのB男とのトラブルをきっかけに欠席がちになった。そんなA男が10月中旬になって，突然祖母に連れられて保健室にやって来た。「保健室だったら来られるね」という祖母の言葉に素直にうなずくA男を，とりあえず保健室で受け入れることとした。翌日から保健室登校が開始された。

　ここでは紙面の都合から，養護教諭とのリレーションづくりの様子に絞って紹介したい。

　小学校の養護教諭からの申し送りで，内々にA男の保健室登校や校長室登校などの実態は知らされていた。保育園時代から，動作が緩慢なこと，言語が不明瞭なことを理由にA男はいじめられていたということで，心傷体験をもっていることが考えられた。そして，幼児期より同年齢の子どもたちとの遊びが少なかったことや，中学入学後も学級での対人関係が不足していたこと，さらに生活体験の不足により，対人関係能力やスキルの未熟さが伺われた。これらのことがB男や級友との対人関係を悪化させたと考えられた。

　対人関係に不安が強く自己肯定感も低いA男にとって，まずは保健室を安心して生活・学習できる場所にすることが目標となった。A男の気持ちに寄り添い，小さな自己決定場面をつくって支持したり，得意なゲームを取り入れて緊張を少なくしていくこととした。

保健室登校の開始

　初日，パンパンに膨らんだカバンを背負って登校したA男に，保健室内での自分の居場所を決めさせた。A男は保健室の出入口から見えない場所を選んだので，その場所へ自分で机を移動するよう促した。このことからは，ほかの生徒には姿を見られたくないという気持ちの強いことが確認できた。

　膨らんだカバンからは，教科書と，前日に養護教諭と約束した本とオセロが出てきた。約束を守る彼のまじめさと，養護教諭の言ったことが彼に受け入れられたことがわかった。

　自分の決めた居場所にカバンを置いたあとは，2人だけで話をした。その際，「現在の学級にはだれも友人がいない。小学校時代の友人は2人とも別のクラス」と話し，いまの学級でいちばん嫌な人に同じ小学校から来たC

堀篭ちづ子
（岩手県西根町立西根中学校養護教諭）

男をあげた。C男は小学校時代に，担任から言われてA男の面倒を見てきた生徒であった。

この日は，自分から「長く居すぎた」と言って帰る時間を決めたので，「帰ったら学校へ電話をかける」という約束をさせ，電話のかけ方を確認した。A男は登校時に祖父の軽トラックに積んできていた自転車で下校していった。約20分後，電話がかかってきた。

大好きなオセロをきっかけに

来室初日にある程度の会話ができたことから，翌日からは一歩進めた形で関係づくりをしていきたいと考えた。そこで，A男の得意なオセロを使ってみることにした。

ゲームには勝ち負けがあるが，私はいつも負け続けた。A男はそのつど，得意気にニヤニヤしながらゲームをどんどん続けた。「強いね。どうしたらいいか教えて」と言って数日間はオセロを繰り返した。

そのうち，途中で思案に暮れている私に，「ここに置くといいかも……」と教えてくれるようになった。「ありがとう。うれしい。助かった」と私は気持ちを言葉で伝えるようにしていった。ちょうど保健室にやってきた担任には，A男がみごとに負けて悔しがった。

A男はほかの生徒に見られることを気にしながらも，養護教諭を負かしておおいに優越感にひたったり，担任にこてんこてんに負けて悔しがったりするなど，だれもいない保健室の中で自由に振る舞うようになった。そのような中で，「小学校時代の楽しい思い出は何もない」とか「中学校はクラブが毎日あるから嫌だ。一番楽しいのはファミコン」などと話してくれた。SCT（文章完成法）を応用して，A男の家族像を推測することもできた。

このように，一緒にオセロをすることで会話がスムーズになり，A男は自己の内面や家族のことを語ってくれるようになっていった。

まとめ

保健室の中での自分の居場所を決めることなど，日常生活のなかに小さな自己決定場面を設定し，本人の選択を支持し続けたことは，「自分の力でできる」という小さな自信と，「自分を認めてくれている」という養護教諭への信頼感へとつながったようである。

また得意なオセロの繰り返しを通して，「相手よりもできることがある」「相手に教えてあげられることがある」という気持ちをもてるようになっていったことが，養護教諭が思案しているときのやさしい言葉などから知ることができた。

子ども本人のもっている成長のエネルギーを信じ，周囲の人間から支持・承認される場面を設けて，「やればできる」という自信を積み重ねていくことが，自己肯定感の育成にもつながっていくのではないだろうか。

保健室 での対応の実際⑤

コラージュで自分さがし

　本校の保健室は，いつでも，だれでも，いろいろな目的で，自由に利用できる保健室ではない。けがや病気の処置のために，担任やほかの教員の許可を得て，初めて利用できるのである。そのため，保健室を利用する生徒のほとんどは身体症状を訴えて来室する。

保健室が居場所となるまで

　生徒指導上の理由から，このような利用規制をしている中で，中学２年生のＡ子は，腹痛や頭痛，朝の発熱等の身体症状を訴えて来室するようになった。そして，教室に入るとおなかが痛くなるために，保健室や図書室で過ごすことが多くなっていった。

　誘因は，「クラスの女子からのちょっとしたつめたいし・う・ち」と本人は文章に書いている。欠席・早退・保健室登校を繰り返した２学期は，自分を責め，自己嫌悪に陥り，無意識のうちに腕をカッターや針で傷つけたこともあったようだ。また，人目が気になり外出ができなくなった時期もあった。

　担任や養護教諭のアセスメントの結果は，「いままでの自分では周りが認めてくれないことがわかり，『自分探し』でつまずいているのではないか」であった。

コラージュで関係づくり

　保健室登校の生徒がほかにも２人いたので，養護教諭を含めて４人でできる活動を実施することにした。ねらいは４人のリレーションづくりと自己理解の促進である。

　Ａ子は常にノートを持ち歩いてイラストを描いている生徒だったので，コラージュを実施することにした。やり方は次のとおりである。画用紙，ハサミ，のりのほか，雑誌やパンフレット等を用意する。これらの材料をそれぞれが自由に切り抜いて，画用紙にはって作品をつくる。そして，できあがったら，お互いに感想を言い合う。

　Ａ子のコラージュの感想は，「巨人がいっぱいいて，作っていて楽しかった。しばし腹痛などを忘れた」というものであった。

　４人はいい雰囲気のなかで感想を言い合うことができた。気持が通じ，安心の中で内なる自分を表現できる。互いを理解し合いながら，あたたかい関係ができていくのがわかった。

自分を見つめる力

　４人で感想を言い合った後に，Ａ子は自分の作品について説明を始めた。

＊広い所にいるのは小さな自分（怪獣）。にらみ合っているのは，大きくなったときの自分。
＊大きくなったらいろいろな友達ができるだろう。
＊時計の文字を青いビワで隠したのは，可能性はまだ未知数なので時間は決められないと思ったから。未熟だから青い実を使った。その未熟な線を画面にちりばめた。
＊時計をはさんで反対側の人物は，もっと伸ばせばよかった。時間をくぐったら大きくなるから。

吉田講子
（水沢市立南中学校養護教諭）

　以上はみごとなまでの自己分析であった。いまの自分をとても小さい動物に表現し，その自分を「大きくなった未来の自分」がじっと見ているのであった。文字板のない時計は，時間をかけて大きくなりたいとの表現であった。

　現在の自分をしっかりとみつめ，理想の自分に変わりたいと願っているのを強く感じた。まさに思春期の自分探しの途上にあった。

1枚のコラージュが流れを変えた

　コラージュは，本人の了解を得て，保護者との話し合いや事例検討会の参考資料とした。

　大きな成果は，A子の保健室登校について不安が強い保護者に，「安心できる居場所を準備し，焦らないでじっくり待つことが大切だ」と提案できたことである。保健室という居場所があるから退行でき，そのために安定して，次に進むことができるのだと説明できた。

　また，別室登校に対して，逃げ，わがまま，自己中心的等の否定的な意見をもつ教職員に対しても，自分探しの過程で苦しんでいるA子の内面を伝え，理解を得ることができた。

保健室の役割

　教室にいることができない，保健室も自由に利用することができないという状況の中で，生徒たちは居場所探しのためのサインを出している。そのような生徒が身体的症状を訴えて保健室を訪れたとき，そのサインを見落さずに養護教諭が読み取ることができれば，辛い状況はおのずと変わっていくだろう。

　子どもの育ちを保障するのが養護教諭の重要な職務であり，そのための場所を提供することは保健室の大切な機能である。原則としての利用規制があっても，必要なときには「保健室を居場所にしてもいい」という状況をつくりだしていくことが必要なのである。

　コラージュの作品は，養護教諭や担任にA子にとっての保健室登校の意味を再確認させるものとなった。コラージュはA子が授業に復帰するまでに計3回行った。

A子のその後

　A子は2年生3学期から徐々に授業に戻っていった。腹痛を訴えて早退することも多かったが，欠席は少なくなり，家でも「学校に行きたくない」と言わなくなっていた。

　3年生になると修学旅行に参加し，クラスメートやけんかをしていた友人とも仲直りができた。「旅行中にいろいろな場面で話をするうちに，みんなの気持がよくわかった」と後日話していた。修学旅行後は教室に復帰し，いつも数人の友人と共に，楽しそうに行動しているA子の姿があった。

＜参考文献＞
・杉浦京子著「コラージュ療法」川島書店

保健室 での対応の実際⑥

ソーシャルスキルトレーニングで対人不安の軽減

　もともと不安を強くもっている生徒が，高校での急激な環境の変化により，不安が耐えきれないほど強くなって不登校になる場合がある。本実践で紹介するA子も，入学時から不安の強い生徒であった。2年生で1年間不登校になり，学校の紹介で専門家のカウンセリングを受けて，3年生から保健室登校で復学することとなった。

リレーションづくり

　不登校の約1年間，A子は家族以外とはあまり話もしなかった。保健室登校を始めてからも，ほかの生徒がひどく気になり，まったく落ち着けない様子であった。そこで1週間後から，保健室とつながった隣の部屋に1人だけ別室登校することになった。また母親が車で送迎し，ほかの生徒と会わないように登校時間をずらした。

　養護教諭との面接では，情緒の安定を図るために手を握ったり肩を抱きしめたりしながら，スキンシップを含めたリレーションづくりに時間をかけた。また，A子が1人でいるときの様子を注意深く観察するように努めた。

心にためている思いを聞く

　A子との会話で，幼児期から中学校までに，傷つき体験や不安のあることがわかってきた。

　A子は長女で，幼児期の育児はおもに祖母が行い，「いい孫」であり続けるよう成長してきた。また母親も，祖母にいい嫁として認められようと働き，祖母の目をいつも気にしながらA子に接してきた。このようなことから，A子は祖母と母親の望むような子どもとして行動しているうちに，自分というものがわからなくなっていたようであった。

　また父親の存在感が家庭であまりないことや，中学で男子にいじめられたことから，男子をひどく怖いと思うようになり，しだいに女子とつきあうのも怖くなっていった。このころには，男子が教室の外を歩いているだけで机の下に隠れるほどの怯えようであった。

不安を減らす方法を一緒に考える

　A子の辛い気持ちを受け入れながら，どうしたら不安が少なくなるか一緒に考えていくと，不安が強くなるのはほかの人が一緒にいるときだということがわかってきた。そこで人とつき合う技術（ソーシャルスキル）についてトレーニングをしてみることにした。A子の話の中で，唯一「同じクラブの女子となら話ができそうだ」という友人に協力を求めて一緒に実施することにした。

ソーシャルスキルトレーニング

　初めは挨拶と簡単な会話から始めることにした。まず友人とA子を別々に指導し，視線を合わせて，「おはよう」「今日はいい天気だね」などと声を出して会話する練習をした。

川原詳子
（岩手県立一関第二高等学校養護教諭）

　そして，A子の感情の安定した日を選んで，友人との練習を繰り返した。最初の挨拶では2人とも緊張していたが，「おはよう。A子ちゃん元気だった？」と友人が話しかけると，A子は「おはよう。少し元気になってきた」と答えた。最初は5分，翌日は10分に増やすなど，A子の表情を観察しながら不安をもたずにできるように時間を調節した。気持ちが落ち着いている日は，A子が自分で部屋のドアにピンクのリボンをつるしていたので，それによっても時間や内容を調節した。

　終わった後は「話をしてみて気持ちはどうだった？」と感情を聞くように心がけた。A子の気持ちを受容をしながら話を整理し，気づきを与えるように話しかけた。初めは「疲れた」と言うことも多かったが，しだいに「みんなが優しく話してくれてうれしかった」と話すようになった。

　ソーシャルスキルトレーニングを進めるうえで注意したことは，情緒が不安定なときは無理をしないということである。ちょっとした刺激にも敏感に反応するので，ゆとりをもって進めること，安心できる環境を保つために，放送を入れないことなどに気を配った。

　挨拶の後の会話は，「テレビ，漫画，興味のあること」など，話しやすい話題から始めるようにした。A子は自分のことを話すのでせいいっぱいになり，相手の話を聞けないことがあった。そこで養護教諭が実際に会話を示したり，ほかの人と話しているところに無理に割り込んではいけないなどのマナーやルールについても，そのつど教えていくようにした。

　慣れてきてから時々は「クラブで楽しいときはどんなときか，苦しいときはどんなときか」「なぜ楽しいのか，苦しいときはどんな解決方法をしているのか」など，話題を与えて，他人の考えについても理解できるように進めていった。最初はなかなか話せなかったが，続けるうちに人間関係が深まり，A子も友人も楽しくなってきて，友人は2人から3人，4人と自然に増加していき，多いときは6人になった日もあった。

部員の協力で心のパワー充電

　A子は，自分の気持ちを言葉にしても相手から傷つけられることがないという安心感をもち，相手の立場を理解することができるようになっていった。昼休み45分間を友達と一緒に過ごすこともあった。このころになると，日増しに友人に会うことを楽しみに登校するようになり，短時間であれば友人と外出できるように変化してきた。

　その結果，「少し辛いけれど，やってみればできる」という気持ちが強くなるとともに，不安や緊張が少なくなり，友人との関係をうまくつくれるようになっていった。

　3学期になると自ら通信制の高校を選び，友人たちとともに新しい門出を迎えた。

保健室 での対応の実際⑦

花束づくりで味わう自己存在感

　数日の欠席が続いた後，担任の働きかけにより登校した彼女と保健室で出会った。

　彼女は顔面蒼白で見るからに痛々しい表情をしていた。2人になると，最近起こった人を信じられなくなるような傷心体験について打ち明けてくれた。その出来事は私が聞いても耐えがたいものであった。心の傷が癒えて教室に復帰できるようになるまでには，相当の時間を要すると思われた。

　そこで援助チームを構成し，全職員が共通理解を図って保健室登校による援助を行うことにした。彼女の心に寄り添いながら援助を続けた1年間を，断片的にではあるが紹介していきたい。

創作活動をきっかけに

　彼女は，「親も私の気持ちをわかってくれない。家にもいたくない。私なんていないほうがいいんだ」と自らの存在を否定するような発言を繰り返していた。それに対して私自身は，保健室という居場所を提供し，心の痛みに共感することしかできなかった。

　食欲不振や不眠の症状が出現してきたので，それについては精神科の受診を勧めた。薬物療法により，その後は精神的にも安定した様子がみられてきた。

　あるとき，彼女が「保健室に迷惑をかけてすみません」と言うので，私は「そんなことはないよ。元気になって教室に行けるまでていいんだよ。だけど私のお手伝いをしてもらえると助かるなあ」と話した。役割を与えることが，自分の存在意義を見い出すきっかけになることを願っての発言であった。

　すると彼女の表情が明るくなったので，「保健室に来た人が心安らぐように何か考えてほしい」と注文して内容は彼女に任せた。

　彼女は余ったキルトを利用してチューリップの花束を作り，保健室に飾ることにした。自分の好みの色や模様のキルトを用意して，一生懸命に作っていった。

　出来上がった花は綺麗にラッピングして2つの花束にした。1つは保健室の目立つところに飾った。保健室に来室する多くの生徒が，「これ，かわいいね」と話しているのを聞いて，うれしそうな笑顔を見せてくれたのが印象的だった。もう1つは，大切に自宅に持ち帰った。家庭で嫌なことがあったときに，その花束を見て心を落ち着けるようにしている，ということだった。

　自分らしい創作活動を通して自己表現をすることができ，さらにそれが来室者に受け入れられたという感じが，彼女の小さな自信へと結びついたようであった。

同じ時間と空間を共有するということ

　彼女が創作活動を始めてからも，私は執務やほかの生徒の対応に追われ，十分にかかわることができないときがあった。

千田雅子
(岩手県立岩谷堂農林高等学校養護教諭)

あるとき，1人ぽつんと寂しそうに座っている彼女の姿を見て，「よし，昼休みは生徒と思いっきりかかわる時間にしよう」と割り切ることにした。それ以降，昼休みはキルトのチューリップ作りを一緒にすることにした。

「これ，どうするの？」とか「かわいくできたね」などから始まって，2人の会話ははずんでいった。そのうちに最近の出来事や気持ちについても，彼女は自然に話すことができるようになっていった。

チューリップ作りに取り組みながら，同じ時間と空間を共有することで「一緒にいてくれる保健室の先生は，私をわかってくれている。頼ってもいいかも。だったら，もう一度歩みだしてみようかな」という気持ちになってくれたように思われる。人間不信から「もう一度人を信じてみよう」という勇気をもってくれたことがとてもうれしかった。

他者からの理解を得ること

保健室登校の生徒は，保健室を訪れるほかの生徒からの視線を気にして苦痛を感じている。しかし，たとえ仕切りを使っても，他者の目から完全に隔てることはむずかしい。

保健室を安心して居続けられる場所とするためには，周囲からの理解を得ることが大切である。これにより，保健室を訪れる他の生徒とも徐々に関係を広げていくことができる。

実際に，「なんであの子だけ授業時間も保健室にいるの？」と生徒が無神経に質問してくる場面もあった。そのようなときは，「理由があっていまはどうしても教室に入れないの。だから元気になるまでは保健室にいていいことにしたんだよ。もし，あなたが辛い状況になったら，今度はあなたを全力で守ってあげるからね。だから，いまは彼女をあたたかく見守ってあげてね」と話して理解してもらえるよう努めた。「どうしても辛いときには保健室にいてもいい」ということを，保健室登校をしている生徒自身にも，周りの生徒にも理解してもらえるよう促してくことが必要なのである。

A子とチューリップを作り続けていくうちに，創作活動に興味がある生徒や，休み時間に保健室を居場所にしたい生徒が，花束作りに参加するようになった。このことがきっかけとなり，彼女は1つ下の女子から頼られるようになった。私は「いまあなたも辛いんだから，そんなに無理しなくていいんだよ」と声をかけたが，彼女はけなげに思えるほどにその子の面倒を見た。考えてみると，「自分もだれかに必要とされている」と実感できる出来事だったのだろう。

いま，自分の夢に向かって前向きに生きている彼女に敬意を表して終わりとしたい。

相談学級での対応の実際

相談学級で生かすエンカウンターのエッセンス

　相談学級（相談指導学級・相談指導教室）は学校内にあり，不登校に悩む生徒たちが学校への再接近を図る目的で通う教室である。

変わらない「過去」は問わない

　相談機関から紹介されて初めて見学に来る生徒は，一様に緊張している。こちらに顔を向けられず横歩きする者，強い防衛からか，にらむような形相の者。みんな肩や背中が痛いほど張っているのがわかる。

　私はそんな生徒にねぎらいの言葉をかける。「君はこれからをなんとかしたい，変わりたいと思っているんだね。こんなに緊張してまでよく来たね」。

　見学は「そういうあなたを認めていくよ」と伝え信頼関係をつくる大事なチャンスでもある。相談学級での支援はこのように，見方を変えて信頼関係をつくる日々の連続である。

　生徒の「過去」は問わない。一緒に生活していれば，過去にどんな困難さをかかえているのかはうかがい知ることができる。「簡単に変わることができれば，こんなに苦労はしない」。変わることは困難なことなのである。

あたたかな人間関係でこそ傷が癒える

　だから相談学級のモットーは「みんな違ってみんないい」である。しかし，「どうぞご自由に！」と放り出すわけではない。

　生徒たちは傷ついた体験をもち，コミュニケーションに苦手さをかかえている。そんな生徒たちには，守られた環境の中であたたかな人間関係を体験し，これからを生きるための準備をしていくことが必要である。そのために行っているのが他者とのふれあいを体験する構成的グループエンカウンターである。

　相談学級でのエンカウンターは「できない事情，やらない自由」を大切にする。みんなと同じにできないのは悪いことではない。人にはそれぞれ事情がある。いまはまだこのエクササイズに取り組めないと思う生徒が，それを表明できることだけでも進歩だ。だから「いまできることは何か，どこまでならできるか」を生徒とていねいに相談する。

　行う内容は事前に説明しておき，参加に不安のある生徒と話し合っておく。それによってアレンジをし直したり，どうしても不安の除去できないエクササイズは行わない。

　やっと不登校状態を脱しようかという生徒に，出会い頭のエンカウンターパンチは浴びせられない。それが負担で再び不登校になっては意味がない。だから，細心の注意を払ってエクササイズを計画するのである。

苦手と困難さ

　相談学級でのエクササイズは，ある程度，生徒同士お互いのことがわかるようになってからのほうが安心して行える。生徒が苦手とするのは，おおむね以下のものである。これ

川端久詩
（横須賀市立公郷中学校教諭相談学級担当）

らに十分配慮してやり方を検討する。

①身体的接触をともなう内容

　ほかの生徒とすれ違いざまに軽くぶつかったとたん、過去にいじめられた経験がフラッシュバックし、動揺して激しく泣きだしパニックになった生徒がいた。このように、日常生活の中でさえ、すぐに強い不安が起こるような、ストレスが強く、緊張度の高い生徒もいる。

②筆記したり資料を読んで行うもの

　読み書きの苦手な生徒が比較的多く、その理解力の差は激しい。

③非言語のもの

　①④も含めて、存在がおびやかされる可能性があるものは不安を増幅させる場合がある。

④二者で行うエクササイズ

　向かい合わせなど、逃げ場のない関係は緊張感が高まる。自己の内面を語るエクササイズなどではよけいに耐えがたい場合がある。集団のリレーションをつくるには、初めに十分な二者関係をつくることが重要だが、相談学級の生徒にはそれはとても緊密に感じられ、負担を感じる場合が多い。

⑤長時間のセッション

　授業という拘束性のある（構成的な）時間への耐性が弱いため、短い時間で行いたい。またいくつものエクササイズを続けて行うことには耐えられない場合が多い。

1日1歩、3日で3歩、3歩進んで…

　あるとき、「別れの花束」のようなあたたかなメッセージ交換のエクササイズを相談学級版にアレンジして実施しようとした。しかし、ある生徒はいじめられた経験から、相手からもらうメッセージがあたたかなものだとわかっていても「辛くてできない」ということだった。そこで、感情よりも情報を交換し合うことに目的を変更して、「ビンゴ」をアレンジして繰り返し行っていった。

　一人一人のかかえている事情は違うから、「これなら絶対大丈夫」というものなど存在しない。できるところからスモールステップで積み重ねていくことが必要なのである。

　傷つきこわばった心を、時間をかけながらねばり強く溶かし続けていくと、かつては生徒自身でさえ「千里の道」のように感じられた道のりをいつしか歩ききっていることがある。「1日1歩、3日で3歩」の道のりはまた、「3歩進んで、2歩退がる」こともあたりまえである。行きつ戻りつ、ときには進歩が感じられないようなときさえも、その生徒にとっての大切なプロセスなのだと感じている。

＜参考・引用文献＞

川端久詩「中学校相談学級における構成的グループ・エンカウンターの実証的研究―プログラム開発に着目して―」　横浜国立大学教育学研究科修士論文2002

適応指導教室 での対応の実際①

「ありがとう配達便」で届ける自己肯定感

1対1で寄り添う

本教室には中学生が多い。その中に、分離不安の強いA子（小学校中学年）が入級してきた。A子の目には、どんなにか大きな大人の世界に映ったことだろう。入級している子どもたちの大きさ、人数の多さに、初日は泣き出したA子であった。にもかかわらず、A子は父親と一緒の通級を経て、まもなく1人でも通級できるようになった。それはいったいなぜだったのだろうか。

ホッとできる場所づくり

分離不安の強いA子にとって教室を安心できる場所にするために、まずは1対1で教師が寄り添う時間を多くとり、緊張を少なくしていった。1対1でかかわるということは、たくさんの時間を共有するということであり、これはまた、子どものよさ発見のチャンスに満ちあふれた大切な時間であるといえる。

このかかわりのおかげで、A子についてたくさんのすてきな発見ができた。お茶道具を片づけようと立ち上がると自然にドアを開けてくれたり、私より先に給湯室へ入り電気をつけてくれるなど、私を支えてくれた優しい子であった。あたたかな気持ちをもらうことがうれしくて、「うわぁありがとう！先生うれしい！」と、会話を通して私の気持ちを伝えていった。

しだいに、これを一歩進んだ形でA子の心に届けたいと感じるようになった。そこで、手紙にして配達することを思いついた。

エクササイズ「ありがとう配達便」

これは、色鉛筆やペンを使い、うれしい気持ちを文字や絵に託して配達するものである。「さっきは～してくれてありがとう！ やさしいんだね！」「どういたしまして！ こちらこそ、～してくれてありがとう！」のように、気持ちをやりとりする。絵をメインにしたり、五七五調でのやりとりをしたり、たくさんのパターンを作り、届け合った。お互いにその配達便を見ては吹き出したり、あたたかな気持ちになったりしたものである。これにより、たくさんの気持ちを届け合うことができた。

手紙にしたことで、視覚的に、また、その場かぎりのものでなく長期的に、自分が周りの人にどういうことが「できた」のかを振り返らせることができる。つまり読み直しが可能になったことで、自分の力でできたこと、いいところを、一度きりではなく、何度でも心に届けてあげることができるのである。これは、自己肯定感を育てることにもつながったのではないだろうか。

この「配達便」は、一度きりにせず何度も繰り返して行った。A子は「うれしかったな」と思うと、ありがとうの気持ちを託し、そっと手紙を書いていた。その姿を見つけては、

髙橋さゆ里
(横手平鹿適応指導「南かがやき教室」専任指導員)

私もそっと手紙を書く。帰宅直前に、笑顔で配達便を差し出してくれるA子に対して、「じゃーん！　実は先生も書いてたんだよ！」といって差し出すと喜んでいた。

またこの配達便は、「ありがとう」の気持ちを配達するだけにとどまらなかった。家での様子、友だちと遊んで楽しかったこと、学校復帰の気持ちがあることなど、たくさんのことを伝える役割を担ってくれた。

多くの人とのふれあいが支えとなる

このころからA子は中学生と一緒に活動しても平気になった。「トラストフォール」では倒れ方が大変うまく、「相手を信頼できるきれいな心のもち主なんだね！」と声をかけられていた。中学生はA子と遊ぶ際、いつもあたたかな言葉のシャワーをかけてくれた。

お父さんのような大きな安心感がある指導員、そしてお兄さん、お姉さんのような上級生からもらうあたたかなメッセージが常にあること、そして手紙という形での「ありがとう配達便」が彼女の心の中にストックされていったことが、彼女の心の成長を支えたと考えられる。こうして、同学年の仲間はいなくても、A子にとって教室は居心地のよい場所へと変化していったのである。

現在、A子は学校復帰している。先日、そんなA子から手紙が届いた。そこには「先生、学校楽しいよ！」とピンクの太ペンで書かれた力強い文字があり、私の心をあたたかな、やさしい気持ちでいっぱいにしてくれた。

A子ちゃん　ありがとう！
フレーフレー、A子！

お互いを大切にする行いが下地になって

心を育むには、多方面からのかかわりが、折り重ねられることが必要になる。一度だけでなく何度も体験することによって、それが丈夫な束となり、しっかり心を育むのだと感じている。1人の子どもに対して、指導員ばかりではなく、集団のメンバーである子どもたちによる働きかけが合わさったとき、力強い応援の力となるのである。

本教室では、子どもたちにリレーションが育ち、友達のいいところを見つけては素直に「それすごい！」と伝え合う姿がよく見られる。子どもたちの力を感じずにはいられない。相手を大切にして支え合う行いが連続しているからこそ、これが下地となり集団としてのパワーが個を育てるのに効果的に働いたものと考えている。

適応指導教室において、集団と個、両面を考えた指導の大切さを実感する日々である。

〈参考文献〉
・曽山和彦「トーキング・ペンダント」國分康孝監修『エンカウンターで学級が変わる　ショートエクササイズ集パート2』図書文化社、P.124-125

適応指導教室 での対応の実際②

受け入れられた実感が友達とのかかわりを変える

不登校の原因はさまざまである。また適応指導教室に入級する生徒の趣味や特技，性格もさまざまである。

しかし，適応指導教室が全国につくられ始めた15年前と比べ，最近の不登校生徒には次のような特徴が見受けられるように思う。「明るい，友達関係が深まらない，耐性がない，規範意識が薄い，非行的要素を含んでいる場合が多い」などである。

とくに，「人とのかかわり方が未熟」なことは，大半の生徒にあてはまる。以前は，トラブルを起こしながらも友達とかかわろうとしていたのが，最近では，友達とかかわろうとしない，その場に遊び友達がいればいいといった感じさえ受ける。

人とかかわる楽しさを味わわせたい

適応指導教室のねらいは「居場所」とよくいわれる。生徒たち1人1人の居場所となる教室で，ぜひ「人とのかかわり」を楽しませたいものである。また人とのかかわりが楽しいとまではいかなくても，苦痛を感じない程度に同じ空間で生活できるまでにしたい。

そこで，「人とかかわりながら活動することは楽しい」と感じることができるたくさんの構成的グループエンカウンターのエクササイズを経験させている。エクササイズは入級した生徒の実態をよくつかんで決めている。

入りやすいエクササイズをたくさん用意する

適応指導教室に通う生徒は，入級するきっかけも入級した時期も1人1人違う。だから，「学校に行かない（行きたがらない）生徒」ということでひとくくりにして活動させようとしても，うまくはいかない。たった1つのエクササイズや活動で，入級した生徒全員に対応しようとしてもそれは無理な話である。

そこで，できる範囲でたくさんのエクササイズや活動を用意する。

例えばある適応指導教室では，次のように1日のスケジュールがほぼ決まっている。1日の流れが決まっていると，先が見えて入りやすくなるからである。

10：00～11：00　自由（好きなこと）
11：00～12：00　自分で学習・読書
　　　　　　　　（1人で）
13：00～14：00　みんなと一緒に
　　　　　　　　（ゲーム，創ること，話し合い）
14：00～15：00　みんなと一緒に（スポーツ）

みんなと遊ぶことが好きな生徒は13：00から，みんなとかかわりたくないけれど一緒にいたい生徒は11：00から，体を動かしたい生徒は14：00からという具合に，最初は好きな時間に教室に入っていく。

エクササイズや活動はこのスケジュールに合わせて考えていくのであるが，次の4つに配慮することが大切である。とくに最初は，

明里康弘
（千葉市立花見川第二中学校教諭）

生徒のニーズに応えるよう留意する。

① かかわる友達の人数（1人〜多人数）
② 言語・非言語
③ ゲーム性
④ 体を動かす・動かさない

1つの活動に，生徒全員が興味をもって行うことは非常にむずかしい。だからこそ，1日1回はその子の好きなエクササイズや活動があるというように工夫するとよい。スポーツやゲームであっても，「大多数の生徒が好きな活動」というより，「今日は〇〇君のしたいスポーツ。今日は△△さんの好きなゲーム」というように，自分の主張が通ったという体験をさせていくと，次は友達に合わせようと努力をするようになっていく。

エンカウンターをするときの留意点

適応指導教室でエンカウンターを実施するときは，次の点に気をつける。

(1) リーダーは，友達のような感覚で一緒にエクササイズをする

適応指導教室の人数は，普通学級のように一定していない。そこで，教師（リーダー）も生徒と一緒にエクササイズをする。同じ輪の中でわかりやすいインストラクションを行い，必ず実際にやって見せ，モデルを示す。

(2) 細かく仕切る

「4人グループで発表する順番を決める」という場合も，いちいち細かく確認しながら指示を出す。例えば，「発表する順番をジャンケンで決めます。右手を出して，最初はグー，ジャンケンポン。あいこで〜。確認するよ。手をあげてね。1番は？〇〇君。2番は？△△さん」とリーダーが細かく仕切って進めていく。また，「質問はありませんか？」と全体に聞くのではなく，小人数ならば1人1人の名前を呼んで，「〇〇君は大丈夫？」「△△さんはOKかな？」と，確認していく。

シェアリングは「振り返り用紙」で

シェアリングでは，できるだけ「振り返り用紙」を使うようにしている。「思ったこと」「新しい発見」などの自由記述も大切だが，「楽しさ」「やりやすさ」を5段階で評価するなど，数字を用いるのも具体的でわかりやすい方法である。また，発表はできないが書くことならできる生徒，それと反対の生徒もいるので，できることから進めるようにする。

また，生徒は自分の気持ちを見つめることに慣れていない。そこで，ちょっとした活動でも「振り返り用紙」を用いて内省の時間をつくるようにしている。例えばたった3人で何かしたときでも「振り返り用紙」に書かせ，「最初は先生が読むね。次はAさん。次はBさん」と，自分を振り返ったり，感情を表現したりする場を意図的につくるようにしている。

適応指導教室 での対応の実際③

教師に不信感をもつ子どもへの対応

🐦 慣れてくると、受けた傷を吐き出してくる

　適応指導教室にはさまざまな子どもたちが通級してくる。例えば一口に「教師不信」といっても、受けた傷も反応もさまざまである。

　A君は最初、教室で一歩が踏み出せずに様子を見ていた。

　しかし、慣れてくるにつれ態度が変わった。今度は周りの教師や仲間に拒否的な態度や言動をとるようになった。気持ちを吐き出すことで、いままで受けた傷を癒しているように見えた。寄っていくと「おっさんは臭い」とか、何かしようと提案すると「不登校の子に命令なんかしたらここにも来なくなるよ！」と拒否する。「教師ばっかりずるいやんか！」と言って教師用の冷蔵庫から勝手にお茶を出して飲み始めたりもする。

　私は前任が中学校の生徒指導担当だったので、当初は怒りの炎に燃えて「しつけ直す！」と力んでいた。が、当然のことながら、指示や説教で行動が改善されることはなかった。

🐦 緊張感の緩和と、対等であることの確認を

　A君は上下関係に敏感である。いままで「上」に立っていた教師に対する不信感が強い。教師の話の中にA君に対する「あなたメッセージ」（A君が～すべきだ）が少しでも入っていると、お互いの間に緊張感が走る。「教師がとりそうな態度」というのは彼にとってはお見通しなのである。

　そこで、まず最初にめざしたのは、①緊張感の緩和、②対等であることの確認、この2つである。

　緊張感の緩和のために行ったのは「一本はずし」である。彼が私に向かって傷を吐き出したのは、剣道で一本を打ち込んできたのと同じである。ここで打ち返していてはさらに緊張感を高める。彼が想像しない反応をするか、彼が私に向けそうな態度を先取りして行うようにした。

　例えば「そのピアス外せよ！（緊張感が高まる）……俺もはめてみたい（一本はずす）」。「自分がだらしないくせに、先生しとったらあかんわなあ～（先手を打つ）」。これらは同時に、彼がとっている言動や行動を客観的に見つめてもらう機会にもなったようである。

　そして、教師はけっして高見の見物をしているのではなく、「同じように困ったりオロオロしたりする」ことを「わたしメッセージ」で伝えた。

　例えばA君が教室でお菓子を食べ始めたときに、「先生、困るわ～。食べたい気持ちもわかるけど、ここも学校のひとつやしな～、う～どうしよう……」とオロオロするのである。

　ただ、ここで注意しなければならないのは、教師が絶対譲れないと考えている枠組みについてはオロオロしないことである。SGEのリーダーの心意気である。どこまでを枠組み

森　憲治
（三重県員弁郡適応指導教室教諭）

にするかは一番の迷いどころであり，人によって意見の分かれるところでもある。工夫し，検討し続けていく必要がある。

またこれらの方法は，場所と言い方によっては嫌みや責めにしか聞こえず，かえって関係が悪化する可能性がある。そうならないためには，①教師が自分の感情に敏感になる（怒りや悲しみから動いていないか），②自分が行動した直後の子どもの様子をしっかり観察する（「半歩踏み込み」「２歩すぐ下がる」の要領），の２点が必要である。

このようなことを繰り返すうちに，A君の場合は，「そんなひどい人間じゃないわ！」と，スタッフの態度にニヤッと笑うようになってきた。教室の中で，彼に対して私が「侵略」しないという安心感をもってくれたようである。

「構成」の外にいる安全性を確保する

ここまでの関係になると，気が向けば多少の会話や仕事の手伝いはしてくれるようになる。

ただ，気をつけなくてはならないのは，教師が調子にのって指示や命令を出してしまうことである。関係を深めようと，焦ってＳＧＥを実施すると悪化する。彼にとって「構成する」ことは，命令が出されることに等しい。

そこで，「構成」の外でいくつかのエクササイズに参加してもらうことにした。ここでいう「構成の外」とは２つの参加方法を指す。

１つはリーダーをやっている私の横に来て補助自我的な役割をする方法。つまり，好きなときだけ私の代わりに意見や感想を言う方法である。彼がきついなと感じたときは，すぐに席を離れて遠くから眺めることができる。

もう１つは，エクササイズの準備をしている私への助言者役である。例えばサイコロトーキングの質問を考えているときに，「A君ならどうやって答える？」「このトーキングをするとどんな感じかなあ？」とたずね，助言してもらう。彼が助言したくなくなったら，「わからん」と言って席を離れることが可能である。ここで気をつけなければならないのは，彼が手伝ってくれても手伝ってくれなくてもエクササイズの準備を淡々と進めることである。「あなたが手伝わないから仕事が進まない」という無言の圧力をなくすことである。

つっぱらずに傷を語ることのできる関係に

A君はその後，ゆっくりではあるが定期面接の中でサイコロトーキングなどをするようになり，その後，通常の面接ができるようになっていった。その中で，いままで体験したことを話し始めてくれた。

私は教諭である。心理療法ができるに越したことはない。しかしそのような能力はもちあわせていない。そのため，ここに書いたような，子どもにとって安全な空間づくりを目標において教室活動をしている毎日である。

第5章　教育現場の実際

養護学校 での対応の実際

友達からのストロークがつくる I am O.K.

不登校の子どもたちに対する教育的対応の1つに，病弱養護学校における対応があげられる。従来，病弱養護学校は，慢性疾患等の病弱者や身体虚弱者の在籍する学校であるが，最近は小・中学校で不登校となった子どもたちが，医師の診断を受けて転学，在籍するケースも増えてきている。

そうした子どもたちが，少しずつ心の中にエネルギーをため，いま自分ががんばることのできる範囲で授業や行事に参加している姿を見るのはとてもうれしい。

しかしながら，「えっ？　どうして？」と驚くこともある。それは，授業や行事を振り返ったときに，「私には何ひとついいところがない」「自分のことが好きじゃない」と表現する児童生徒が多いことである。

「普通」でない自分が嫌い

不登校生徒は，他者から変に見られないよう，常に自分を「普通」に見せようとする特有の意識をもっているという（辻，1987）。

私がかかわりをもった中学生も，たしかに周囲の目を常に意識し，「普通」ではない自分を許せず，自ら落ち込んでいくことがあった。端から見ると，「いまだって，いいところがたくさんあるのになぁ」と思えるのだが，本人にとっては「I am OK」ではないのである。

A子は不登校をかつて経験し，現在は病弱養護学校に通っている。気持ちが優しく，学習にも真面目に取り組む生徒である。さまざまな機会をとらえて，「A子，いいところがたくさんあるじゃない」というメッセージを言語・非言語で伝えてみた。しかし，A子にはそうしたメッセージをなかなか受け取ってもらうことができなかった。「そんなこと言われても，私にはいいところなんてひとつもない」と首を横に振ってしまうのであった。

エクササイズ「魔法の鏡」

A子のような生徒に，自分のことを好きになってほしいという願いのもと，「魔法の鏡」というエクササイズを実施した。

教師は次のようにインストラクションを行う。「これから皆さんのところに封筒が1つずつ届きます。その中には，『〇〇さんへ』という宛名が書かれたシートが1枚入っています。シートには，鏡の絵と枠が第1～5まで書かれています。〇〇さんが，魔法の鏡であるあなたに向かって，『鏡よ，鏡。私のいいところを教えて』と問いかけてきています。あなたは魔法の鏡なので，問いかけにはきちんと答えなければなりません。〇〇さんのいいところを考えて，第1の枠の中に書いてから，シートを封筒に戻してください」。

全員が書き終えたら，封筒を集めてシャッフルし，再び生徒に配る。同様に，今度は第2の鏡になり，〇〇さんへのメッセージを書く。これを第5の鏡まで繰り返す。

曽山和彦
（秋田県総合教育センター指導主事）

　最終的に，生徒は5つのメッセージが書かれた封筒を受け取ることになる。不安そうに封筒を開け，メッセージを読み進めるうちに，生徒の表情が変わってくる。少し照れくさそうにしながらも，思わず顔がほころんでくる。

　A子は，振り返り用紙に「こんな私でもいいところがあるの？と思っていたけど，うれしかった」と書いた。教師からのメッセージは素直に受け取ることのできなかったA子だが，友達からのメッセージに対しては自分の思いをまっすぐに綴っていると感じた。

友達からのストロークがきっかけに

　交流分析では相手の存在や価値を認めるようなさまざまな刺激のことを「ストローク」と呼ぶ（杉田，1990）。「魔法の鏡」の中で5つの鏡から届けられるメッセージは，まさに友達からの「プラスのストローク」であった。

　文部科学省（2002）の学校基本調査では，「友人関係をめぐる問題」が，不登校の直接のきっかけとして第1位を占めている。逆をいえば，友人との良好な関係が，学校生活を営む上で大きな財産になるということを示唆している。とくにA子のように，不登校をかつて経験し，病弱養護学校に通う生徒には，友人からのプラスのストロークこそが自分に自信をもたせ，自分を好きになるためのきっかけになる。

　生徒同士がお互いにストロークを交換し合う環境づくりには構成的グループエンカウンターが適している。教師が生徒の状態に合わせ，人数や時間，エクサイズなどを「構成」することができるからである。このようにして安心できる環境ができるからこそ，人とのかかわりに消極的になっている生徒同士が，お互いを開き合い，ストロークを交換できる。

　人は，自分の背中を見ることはできない。背中を見るには，他者の目を借りればよい。

　かつて不登校を経験した児童生徒には，「私の背中ってけっこう広かったんだぁ」と気づいたり，「私の背中もなかなかいいなぁ」と感じたりしてほしい。「自分自身」のことを知り，ありのままを好きになることが，生きていくうえでの大きなエネルギーになると思う。

　友達からのストロークをたっぷりと受け，自分のことが好きになれたら，笑顔で学校生活を送る子どもたちが増えるだろう。

＜引用文献＞
・「×さんからの手紙」國分康孝監修『エンカウンターで学級が変わる　ショートエクササイズ集』図書文化，P.166-167
・杉田峰康『交流分析のすすめ』日本文化科学社，1990，P.78-85
・辻平治郎「登校拒否児の対人認知スタイルと他者認知」甲南女子大学人間科学年報12号，1987，P.59-72
・文部科学省「生徒指導上の諸問題の現状について」2002

校内相談室 での対応の実際①

担任と保護者を支えるコンサルテーション

　小学校の相談室は，中学校や高校の場合とは様子が違う。違いの中身は2点ある。

　1つは，心の教室相談員やスクールカウンセラーなど常駐の相談担当者のいない学校が多いことである。このため，担任が学級と相談室を行き来しながら指導している実態がある。もう1つの違いは，保護者が子どもに付き添って来ている場合が多いことである。子どもと一緒にいる時間が長く，保護者自身も不安をかかえているため，相談室で子どもと一緒にサポートしていくことが大切となる。

　このように，子どもへの直接の援助のほかに，担任や保護者がサポーティブに子どもとかかわることができるよう，いわば影の調整役を行うことも相談室登校における大切な援助の1つとなる。ここでは，そのような調整役をおもに担う教育相談主任の仕事をコンサルテーションをキーワードにみていきたい。

担任へのコンサルテーション

　登校を渋る，保健室にいることが多い，相談室までなら登校できるなど，教室になじまない状況の子どもが出てきた場合，担任は大変不安な思いにかられる。自分の指導に問題があったのではないか，早期に解決するにはどうしたらよいかと悩み，困難な課題を背負ってしまったことへの抵抗感も生じる。そんな担任が，建設的に子どもへの援助方法を考えていけるよう支えていく。

　まず第一に，学級担任と教育相談主任の関係は，子どもを中心にすえた役割上のかかわりであり，指導というようなものではないことを確認しておく。コンサルテーションは協同作業である。「一緒にこの問題について考えていきましょう」という姿勢で行う。

　担任が情緒的に強い葛藤をかかえてしまった場合，本人の深い悩みについては専門家のカウンセリングに譲る。仕事のうえで困難を感じている気持ちを理解し，情緒的にサポートしていくのが教育相談主任の仕事となる。

　第二に，＜いまはどういう状況なのか＞＜具体的な一つ一つの場面について＞＜具体的にどうしていくか＞を一緒に検討していく。これは，これからの援助方針について話し合う「作戦会議」というとらえかたができる。

　以上のプロセスを，架空の会話として示してみる（相：教育相談主任，担：学級担任）。

相：先生，いつも大変ですね。このごろC君はどんな様子ですか？

担：どうも毎朝登校を渋っているらしいのです。連絡帳が来なくて休む日もありますし，電話にも出てくれないんですよ。

相：困りますね，連絡が取れないのは不安ですね。親の携帯はつながりますか？

担：親も「困った。どうにもならない」と弱音を吐くばかりで…。

相：先生も気が休まらないですね。でも弱音を吐いてもらえるというのは，親と関係

原田友毛子
（所沢市立北小学校教諭）

がうまくいっている証拠ですよ。いまから何か対策を考えましょう。C君の友人関係はどうですか？

担：D君とは放課後や休日に遊ぶようです。校庭にも来ているらしいんですよ。

相：では，D君にどんどん誘ってもらいましょう。欠席した日だって，放課後に学校で友達と遊べたら上出来ですよ。親御さんと面談はされましたか？

担：前回キャンセルされたので，次を計画中なんですよ。

相：あのドタキャンのときですね。無理して時間をつくったのに残念でした。次回は具体的にどんなことを話し合う予定ですか。

担：それがどうしたものか，考え中なんです。

相：C君には1人で対応するよりも，みんなで具体策を練った方がいいかもしれませんね。一度，援助チーム*で話し合ってみませんか？　*管理職・養護教諭・生徒指導主任・教育相談主任・担任・学年主任・保護者等で構成される子どもを支援するチームのこと

担：そうですね。それからあのお母さんは，どうしても言い訳ばかりになるので，何か打つ手はありませんかね。

相：では，面談のときも援助チームで対応していくといいかもしれませんね。

このように，学級担任の立場や経験，そして誇りを尊重しながら，子どもの援助策について具体的にともに考えていくのがコンサルテーションである。

保護者へのコンサルテーション

小学校の場合は，親と一緒なら登校できて，教室あるいは別の部屋（相談室）で学習するという子どもも少なくない。

このような状況のとき，親は不安で重苦しい気持ちをかかえている。「よその子には何でもないことが，うちの子にはどうしてできないのだろう」「このまま本格的な不登校になってしまったらどうしよう」「家事も滞るしパートにも行けない」という具合である。ときには，学校への不満や不信感を述べる場合もあるかもしれない。このような保護者の気持ちを受けとめ，子どもへの援助に集中してもらえるように支えていくことが必要である。

担任と連携しながら，「こうして学校に来ていることはむだなことではありませんよ。これからの子どもとのつき合いを見直すチャンスだと思いましょう」と支持して励まし，「以前に相談室に通っていた子が，いまは元気ではつらつと学校生活をすごしていますよ」といった情報的サポートを行う。また学校側が改善に向かうよう対策を話し合っていることを折にふれて伝え，保護者が学校の中で孤立感をもたずにすむように支援していく。

〈参考文献〉
石隈利紀『学校心理学』誠信書房

校内相談室 での対応の実際②

不登校傾向の生徒への援助

中学校の相談室

中学校の教育相談室に来室する生徒の援助ニーズは実にさまざまである。友人関係、学習や進路、教師との関係、性格や容姿のこと、家庭のこと、健康や性の問題……などなど。問題のレベルも「聞いてもらったらすっきりした」というレベルから、継続して援助が必要なケースや、問題によっては危機介入が必要な場合もあり、多種多様といえる。

このように多様な問題をかかえる生徒ではあるが、本当に求めているのは「ほんとうの自分のことをわかっていてくれて、心の支えとして一緒に歩んでくれる存在」ではないだろうか。

不登校傾向の生徒への援助のきっかけ

不登校傾向のケースの場合、子どもとのリレーションをつくることがまず課題となる。「心の絆を感じる存在が学校にはいない」ということが大きな問題の1つである。そこで教師が、「あなたの力になりたいと思っている」いうメッセージを出しながら、リレーションづくりのきっかけを用意していく。

例えば、学習援助である。学習の遅れや欠席数を心配していることを伝えながら、他の生徒とかかわりをもたなくてもよい授業中や放課後に、別室で一緒に話をしたり学習したりすることを提案してみる。これは学習援助をきっかけとしているが、中心となるのは友人関係における不全感や欠席がちなことによるあせりなど、本人の感じている辛さを受けとめる作業である。信頼関係を築くことが第一であるので、「怠け心に負けているのでは……」「がまんがたりないのでは……」というように、生徒に何が欠けているのかという「評価の目」は一時保留にすることである。

「内面ではこんなことを経験していたのか……」と教師が共感的に受けとめていくことが、生徒の中に「わかってくれている（くれそう）」という感覚を生み、学校に惹きつける力が生まれてくるのである。

援助の中でみえてくる本人の問題

このようにしてリレーションができ、ていねいに問題の中心にアプローチしていくと、一見、不登校とは関係ないように思える本人の問題につき合うようになることも多い。例えば、親子関係における葛藤であったり、心の傷になっている過去のいじめられた経験であったり、生きていても仕方がないダメな自分であったりする。それらの問題の核心にアプローチして援助していくことが、不登校傾向の生徒への本当の援助につながっていく。

例えば、援助の中で「もう死にたい」ともらしたり、手や腕を自分で傷つけてしまったりする生徒のケースでは、信頼関係ができ、落ち着いた段階から、さらに一歩踏み込んで

粕谷貴志
(専修大学北上福祉教育専門学校専任講師)

生徒のかかえる辛さ、生きにくさを一緒に考えて軽くしていくという援助が必要となる。

このような生徒は、本人自身の問題として、知らず知らずのうちに「自分は生きていてもしょうがない」「自分は価値のないダメな人間だ」という思いをかかえている場合が多い。そこで次のような援助をしていく。

(1) 「自尊感情尺度」を使った援助

この尺度は、「少なくとも人並みには価値がある人間である」「自分に対して肯定的である」などの10の質問に、「あてはまる」～「あてはまらない」の5段階で答えてもらうものである(Rosenberg)。実施の結果からは、「まぁ、自分もそこそこイケてる」などとはとうてい思えていない、ダメな自分をかかえる姿が浮き彫りになる。

援助のポイントは、一般的な中学生の平均得点と比較するだけでなく、それぞれの質問項目への回答をきっかけにして、「自分で思っているより、もっとあなたにはよさがある」ことを教師が具体的に伝え、自分への評価のゆがみについて話し合っていくことである。

(2) 「心のライフライン」と使った援助

ダメな自分をかかえたり、友人関係に自信がもてなかったりというのは、「心のクセ」にとらわれているからでもある。そのような自分の背景に気づくことで「そんなふうに考えなくていいのかもなぁ……」という変化につなげたい。ここでは、「心のライフライン」というワークシートを使う。1本の横線に、時間の流れにそって、生まれた時点からの出来事を書き入れながら、自分のそのときの幸福感の高低を山や谷の折れ線で表わしていくものである。

援助のポイントは、生徒の生きてきた過程の事実を知ることだけではない。生徒が自分自身をダメな自分としか考えられなくなるような、「心のクセ」につながる過去のエピソードについて思い出したり考えたりして、その影響に気づくきっかけとすることである。

例えば、母親から「あんたはいつも、～なんだから」と否定的なメッセージを受け取ってきたとか、「言い分も聞いてもらえず否定され、悔しくてただ泣くしかできなかった自分」とか、「小学校のころ、仲がよいと思っていた友達に突然無視されて、いじめられて辛かったこと」などを思い出すことである。

そのような背景への気づきを認め、そのときの感情をあらためて受容することで、新しい援助の局面がみえてくるのである。

中学校の相談室では、生徒の心の抵抗をとり除きながらリレーションをつくること、そして、意図的なきっかけを用意して、その内面にある心の問題に接近して一緒に解決への道を歩む応援者となるように心がけている。

〈参考文献〉
河村茂雄著『心のライフライン』誠信書房

校内相談室 での対応の実際③

退学を希望する生徒への対応

高校生に特有な援助ニーズ

　中途退学は高校に特有な問題である。高校生も学習や進路，友人関係などに悩みをかかえているし，喫煙，飲酒，薬物，性非行など，生徒指導上の問題を起こすこともある。これらの悩みや問題に対応できないと，不登校や長期欠席，最終的には退学へとつながっていく。

　高校としては，退学の申し出に，「はい，そうですか」と簡単な姿勢で臨むことはできない。時間をかけた指導・援助が必要となる。

退学指向傾向の高校生の特徴

　退学指向の生徒は，学校より学校外の生活に魅力を感じていることが多い。学校生活への興味の低さは2つのタイプで現れる。

　1つは，欠席だけでなく遅刻や早退も多く，制服をカジュアルに着こなし，頭髪・化粧も思いのまま。そして，学習や部活動など，学校の主たる活動に興味を見出せず，学業評価も低いタイプである。進級や卒業といった目標をクリアする自信がもてずに，「退学する」と簡単に口走ることが多い。

　もう1つは，級友とのかかわりは少ないものの，学校生活の規則を守り，成績も中位程度で，淡々と学校生活を送っているタイプである。いわゆる学校にとっての「いい子」であり，本人から「退学したい」という申し出があって初めて周りが気づくことが多い。

退学したい気持ちを受け入れる

　退学指向の生徒は，結論を急ごうとすることが多い。それは学校や教師に少なからず抵抗をもっているからである。したがって抵抗を除くように働きかけることが効率的に相談を進めるために必要である。

　具体的には，退学を止めるためではなく，今後のよりよい生活のことを考えて相談していることを，はっきりと伝えることである。「退学するのをもう少し考えてみたら」といった発言は逆効果なので十分に注意する。

　とくに「いい子」タイプの生徒の場合，なんとか引きとめてほしいという思いで担任から相談部に依頼してくる場合も多い。

　しかし，退学も現実的に1つの選択肢であるとの考えに立って相談を行っている。なぜなら，そのほうが生徒の考えを否定しないで話し合いができるからである。このような教師の姿勢は，生徒とのリレーションを速やかに形成することにもつながっていると思われる。

卒業したい気持ちに気づく

　次に，どちらのタイプの生徒にも，退学したいとの気持ちや考えを十分に表現させることである。その際，生徒から話された気持ちを紙に書き，机の上に順番に置いていくという作業で，気持ちの表現を手助けする。「学校がつまらない」などと学校批判が話されるこ

苅間澤勇人
（岩手県立雫石高等学校教諭）

とが多いが，その意味は学校外の生活が学校よりも楽しく魅力があるということである。そういう気持ちも十分に受けとめる必要がある。

その後，退学した場合の生活について話をする。考えの甘さを指摘したくなるが，ぐっと抑えて聞くようにする。生徒は話しているうちに，自ら考えの甘さに漠然と気づき始める。それでもここではふれないようにする。

ある程度，話したいことが言い終わったら，これまでの気持ちを整理するという意味で，カード全体を眺めて似たようなものをまとめていく。例えば，「学校が面白くない。役に立ちそうにない。無意味だ」，「学校外の生活が楽しいし，役に立つ」という気持ちがあることを確認していく。続いて，いまの自分をよく表しているものというテーマで順位づけする。

最後に，何か表現していない気持ちはないかどうかを質問する。気持ちの協同探索を一緒に進めることで信頼関係が深まると，「実は，高校を卒業したい気持ちもある」という言葉が出てくる。「ヘエー，高校を卒業したい気持ち？」とオーバーに表現して繰り返すと，「俺だって，高校を卒業していたほうがいい，できれば卒業したいという気持ちだってある」という気持ちが話される。「そういう気持ちも大事だよね。その気持ちにどうしていままで気づかなかったのかな」と質問すると，「勉強もできないしあきらめていたのと，もうやめると自分に言い聞かせていたからだと思う」というような答えが返ってくる。そこで「そのようにいろいろな気持ちがあるのだから，急いで決めようとするのではなく，少し時間をかけて，いろいろなことを考えることも大切だ」と話を進める。最後に，考えの甘い点や矛盾点を，やわらかい表現で質問して，生徒自身で考える視点を与えるのである。

このように時間をかけて心の整理をしていくと，生徒との間に強い一体感や信頼関係ができる。すると生徒は押さえ込んでいた気持ちを素直に表現できるようになるのである。

気持ちの中の資源をいかす

相談の終決に向けては，卒業したい気持ちを心の中で大きくしていく作業を進める。例ば，「いまより勉強が少しわかるようになったら，君の気持ちはどう変わるかな？」と質問する。「勉強がわかるから少しうれしいと思う」という答えに，「今度の試験で赤点がなく，2年生に進級できることになったら？」と質問する。「いまよりも，退学したいという気持ちが減って，卒業しようと思う気持ちが強くなる。うれしくて友達に自慢する。退学も考えないかもしれない」という具合に続けていく。

この段階になってくると，退学したいという言葉が会話に出てこなくなる。むしろ，「先生，あと5点取るためにはどうすればいいの？」といった解決思考が進みはじめる。

あとがき

　子どもの心の問題に対応している保健室や相談室，相談学級，適応指導教室，養護学校の先生方は，心の専門家ではないのだろうか。そういう疑問を私が感じるのは，これらの先生方が専門性を発揮して子どもたちの心の問題に対応するための，物理的な時間や職場環境がしっかりと保障されている例が，多くはないからである。

　私は，研究室に相談にみえた2人の先生のことが忘れられない。2人は中学校内に設置されている相談学級の先生方である。知的障害をもつ子どもと，自閉傾向の子ども，そして不安の強い不登校の子どもの合わせて8人を，教師2人で担当しているということであった。さらに2人の先生方は，通常学級の数時間の授業と校務分掌，部活動の指導も担当しているのだという。「それぞれに異なる対応を必要とする複数の子どもたちをかかえ，相談学級をどう運営していけばいいのか。それぞれの子どもが必要としている適切な対応ができていない」と悩まれ，相談にみえた。とても疲れている様子であった。夜の9時半であった。私はしばらく返す言葉がなかった。通常学級では対応が難しい子どもたちを一か所に集めたような相談学級だったからである。

　教室運営の内容や職場環境は，県や市町村の教育委員会ごとにかなりの相違がある。極端にいえば，その地域，その学校の必要性に迫られて，それに合わせる形で教室運営をしている現状もあるのではないだろうか。各教室がそれぞれ独自な特色をもっているため，横の情報交換，連携も難しいと思われる。私も現場の小学校教諭だったころ，相談室や相談学級，適応指導教室の先生方と共に活動した経験があるので，このことは痛感している。

　保健室や相談室，相談学級，適応指導教室，養護学校の実践は，どちらかというと学校の表舞台に登場することは少ない。学校教育全体の大きな流れの中で，それに乗り切れない影の部分の調整を担っているともいえるだろう。したがって，これらの教室を担当する先生方の守備範囲は広く，特定領域の専門性だけでは対応しきれないことが少なくない。それゆえ，「これらの先生方の専門性はこれだ」と明確に認識されないのではないだろうか。

　しかし，これらの先生方は，子どもたちの心の問題への対応を強く期待され，現実問題として，そういう子どもたちに長く深く関与しているのである。こういう先生方の専門性をより生かせる環境の整備，working and learning を行うための研修機会の保障が必要だと，切に感じている。

　本書がこれらの先生方の情報交換，連携のきっかけになれば幸いである。最後に，細やかな編集作業をしていただいた図書文化社の東則孝氏，渡辺佐恵氏，校正等に協力してくださった佐々木みき氏に深く感謝し，筆を置きたい。

2002年9月　　　　　　　　　　　　　　　　　　　　　　　　　　　　河村　茂雄

■執筆者紹介

赤崎　俊枝	岩手県立一関工業高等学校教諭	p108
明里　康弘	千葉市立花見川第二中学校教諭	p20.94.138
安達　紀子	北区立滝野川小学校教諭	p97
我妻　則明	岩手大学教授	p84
阿部　哲子	盛岡市立見前小学校教諭	p58
安齊　順子	静岡大学非常勤講師・筑波大学人間総合科学研究科博士課程	p65
入駒　一美	岩手県立黒沢尻南高等学校養護教諭	p37
岩田　幸子	岩手県立盛岡商業高等学校養護教諭	p72
大久保牧子	岩手県金ヶ崎町立金ヶ崎小学校養護教諭	p24.48
大越　恵子	岩手県立一関工業高等学校養護教諭	p37
大谷　哲弘	岩手県立一戸高等学校教諭	p82
小川　暁美	盛岡市立見前小学校教諭	p38
小野寺正己	盛岡市子ども科学館学芸指導主事	p112
折舘美由紀	岩手県立雫石高等学校養護教諭	p42.71.89
香川　靖子	盛岡市立見前小学校養護教諭	p83
粕谷　貴志	専修大学北上福祉教育専門学校専任講師	p40.146
金山美代子	春日部市立谷原中学校養護教諭	p92
苅間澤勇人	岩手県立雫石高等学校教諭	p56.148
川端　久詩	横須賀市立公郷中学校教諭相談学級担当	p118.134
川原　詳子	岩手県立一関第二高等学校養護教諭	p50.130
河村　茂雄	都留文科大学教授	p3.10.25.53.73.93.109.151
川村　博昭	岩手県立雫石高等学校教諭	p117
岸田　優代	長野市立南部小学校教諭	p102
木戸口千賀子	久慈市立長内小学校養護教諭	p82
酒井　緑	福井市立鶉小学校養護教諭	p80
坂水こずえ	岩手県立盛岡第三高等学校教諭	p30.72
佐藤　謙二	大船渡市立越喜来中学校教諭	p79
佐藤美三江	水沢市立東水沢中学校養護教諭	p92
品田　笑子	足立区立加平小学校教諭	p18.32.66.114
柴田　綾子	岩手県浄法寺町立大嶺小学校養護教諭	p122
下権谷久和	岩手県立平舘高等学校教諭	p65

（五十音順　2002年9月現在）

菅原　正和	岩手大学教授	p16.46
住本　克彦	兵庫県立教育研修所心の教育総合センター指導主事	p36
曽山　和彦	秋田県総合教育センター指導主事	p86.142
髙橋さゆ里	横手平鹿不登校適応指導「南かがやき教室」専任指導員	p104.118.136
竹内　牧子	秋田県羽後町立飯沢小学校養護教諭（臨時）	p76
竹崎登喜江	大田区教育センター 教育相談員	p108
多田江利子	岩手県立水沢高等学校教諭	p89
千田　雅子	岩手県立岩谷堂農林高等学校養護教諭	p36.132
千葉　生子	盛岡市立見前小学校教諭	p44
土田　雄一	千葉県子どもと親のサポートセンター研究指導主事	p34
中下　玲子	岩手県立西和賀高等学校養護教諭	p28
仲手川　勉	平塚市子ども教育相談センター指導主事	p62
中村　道子	全国養護教諭連絡協議会名誉顧問	p2
仁田ハナコ	足立区教育研究所教育相談鹿浜分室心理主事	p79
根田　真江	花巻市立花巻中学校教諭	p32
原田友毛子	所沢市立北小学校教諭	p144
福士　典子	岩手県岩手町立岩瀬張小学校養護教諭	p97
藤村　一夫	盛岡市立見前小学校教諭	p110
細川　彩子	岩手県藤沢町立藤沢小学校教諭	p83
細川　直宏	岩手県千厩町立奥玉小学校教諭	p54
堀篭ちづ子	岩手県西根町立西根中学校養護教諭	p126
南方　真治	和歌山県立和歌山工業高等学校教諭	p61
武蔵　由佳	都留文科大学心理・臨床教室研究生	p26.100
武藤　榮一	群馬県総合教育センター指導主事	p66
森　　憲治	三重県員弁郡適応指導教室教諭	p22.24.140
森田　　勇	栃木県河内町立岡本小学校教諭, 同町教育研究所教育相談担当	p124
簗瀬のり子	矢板市立矢板中学校教諭	p71
吉田　講子	水沢市立南中学校養護教諭	p128
吉田　佳子	杉並区立杉並第三小学校教諭	p61
米田　　薫	箕面市教育センター指導主事・大阪教育大学非常勤講師	p68.74.90.98.106
渡辺　淳子	盛岡市立桜城小学校養護教諭	p120

■編集者

河村　茂雄　都留文科大学教授　日本カウンセリング学会認定カウンセラー　上級教育カウンセラー
かわむら・しげお

筑波大学大学院教育研究科カウンセリング専攻修了。博士（心理学）。15年間公立学校教諭および教育相談員を経験し、東京農工大学講師、岩手大学助教授を経て、現職。日本カウンセリング学会常任理事。日本教育カウンセラー協会岩手県支部長。論理療法、構成的グループエンカウンター、ソーシャルスキルトレーニング、教師のリーダーシップと学級経営について研究を続ける。「教育実践に生かせる研究、研究成果に基づく知見の発信」がモットー。著書：『学級崩壊に学ぶ』『心のライフライン』誠信書房、『学級崩壊予防・回復マニュアル』『グループ体験による学級育成プログラム小・中学校編』『エンカウンターで学級が変わる　小学校編1〜3』『楽しい学級生活を送るためのアンケートQ—U小・中・高校編』図書文化ほか。

■編集協力者

品田　笑子　足立区立加平小学校教諭　上級教育カウンセラー
しなだ・えみこ

新潟県出身。筑波大学大学院教育研究科カウンセリング専攻修了。大学院で國分康孝先生に指導を受け、現在は、構成的グループエンカウンター研修会の講師として東京近県を中心に駆け回っている。また、編著者の河村茂雄先生とは大学院の同期である。教育現場の実情を的確につかんだ鋭い研究視点と、自分のくつろぎの時間を返上して教育活動に邁進する生き方に感銘を受けて、その指導のもと学級経営セルフヘルプグループの世話人として教師サポート活動をしている。
著書：『エンカウンターで学級が変わる　小学校編1〜3』『エンカウンターで総合が変わる』図書文化（共編および分担執筆）、『人間関係に活かすカウンセリング』福村出版（分担執筆）。

苅間澤勇人　岩手県立雫石高等学校教諭　上級教育カウンセラー　学校心理士
かりまざわ・はやと

岩手県出身。岩手大学大学院教育学研究科修了。小中高を問わず、学級経営コンサルテーションとエンカウンターの研修会や教育相談研究会などの講師として県内を駆け回っている。研究テーマは教師の職業生活意識、教師のアサーション。

川原　詳子　岩手県立一関第二高等学校養護教諭　上級教育カウンセラー　学校心理士
かわはら・よしこ

岩手県出身。養護教諭として高校生のカウンセリングを実践研究中。また、教師のサポートも実施している。教育相談担当者と協力しながら学級経営コンサルテーションとエンカウンターの研修会に参加し、多くの仲間に広める活動もしている。

曽山　和彦　秋田県総合教育センター指導主事　上級教育カウンセラー
そやま・かずひこ

群馬県桐生市出身。秋田大学大学院教育学研究科修了。「秋田・学校におけるカウンセリングを考える会」を主宰し、おもにに育てるカウンセリングの理論や技法について、月に1，2回有志による学習会で学びあっている。「面白くて、ためになる」学習会をめざしている。

藤村　一夫　盛岡市立見前小学校教諭　上級教育カウンセラー　学校心理士
ふじむら・かずお

岩手県出身。岩手大学大学院教育研究科修了。学級崩壊・不登校などを予防する学級経営について研究し、各地区でエンカウンターや児童理解の方法について普及活動を行っている。子どもと教師のちょっとしたすれちがいに気づき修正することで学級はよくなると感じている。

ワークシートによる教室復帰エクササイズ
保健室・相談室・適応指導教室での「教室に行けない子」の支援

2002年10月20日　初版第1刷発行［検印省略］
2020年5月10日　初版第15刷発行

編 集 者　Ⓒ河村茂雄
発 行 人　福富　泉
　　　　　株式会社　図書文化社
　　　　　〒112-0012　東京都文京区大塚1-4-15
　　　　　TEL.03-3943-2511　FAX.03-3943-2519
　　　　　振替　00160-7-67697
　　　　　http://www.toshobunka.co.jp/
DTP編集　有限会社　美創社
印 刷 所　株式会社　厚徳社
製 本 所　株式会社　駒崎製本所

乱丁・落丁本の場合はお取り替えいたします。
ISBN978-4-8100-2388-6　C3037
定価はカバーに表示してあります。

★イラスト　鈴木　真司
★装　　幀　田口　茂文

編集代表 國分康孝

学級担任のための
育てるカウンセリング全書

全10巻

A5判・並製カバー付き・約200頁 **本体各1,900円+税**

① 育てるカウンセリング ～考え方と進め方～
編集　國分康孝　上地安昭　渡辺三枝子　佐藤勝男
子どもたちの心を「受け止め」「育む」ために。カウンセリングが示す考え方とはじめの一歩。

② サイコエジュケーション ～「心の教育」その方法～
編集　國分康孝　片野智治　小山望　岡田弘
心の教育は，考え方の学習・行動の仕方の学習・豊かな感情体験からなる。その具体的な方法。

③ 児童生徒理解と教師の自己理解 ～育てるカウンセリングを支えるもの～
編集　國分康孝　杉原一昭　山口正二　川崎知己
子どもを「わかる」には，多様な見方ができること，教師が自分自身を理解することがカギ。

④ 授業に生かす育てるカウンセリング
編集　國分康孝　福島脩美　小野瀬雅人　服部ゆかり
対話の技術は子どもたちをイキイキさせる。言葉と言葉，心と心をつなぐ知恵を授業に！

⑤ 問題行動と育てるカウンセリング
編集　國分康孝　田上不二夫　野中真紀子　國分久子
どの子にも起こりうるトラブルに，学級の力を生かした予防と対処，教師が連携する手順を示す。

⑥ 進路指導と育てるカウンセリング ～あり方生き方を育むために～
編集　國分康孝　木村周　諸富祥彦　田島聡
「将来どうしたいのか」から今すべきことを考える，新しい進路指導の考え方と幅広い具体策。

⑦ 保健室からの育てるカウンセリング
編集　國分康孝　坂本洋子　金沢吉展　門田美恵子
養護教諭は「心を育む」キーパーソン。対応の実際から校内の組織化まで現場のノウハウが結実。

⑧ 育てるカウンセリングが学級を変える ［小学校編］
編集　國分康孝　河村茂雄　品田笑子　朝日朋子
安心感を味わい集団のルールを身につけるため，心に響く体験で学級と個を育てる方法を示す。

⑨ 育てるカウンセリングが学級を変える ［中学校編］
編集　國分康孝　藤川章　大関健道　吉澤克彦
「手探りの自分づくり」を援助する視点で，思春期の中学生に向き合う担任の苦悩に答える。

⑩ 育てるカウンセリングが学級を変える ［高等学校編］
編集　國分康孝　中野良顯　加勇田修士　吉田隆江
社会へ一歩踏み出すための人生設計，学校外の世界とのつきあい方など，個を生かす援助の実際。

図書文化

※定価には別途消費税がかかります

ソーシャルスキル教育の関連図書

ソーシャルスキル教育で子どもが変わる［小学校］
－楽しく身につく学級生活の基礎・基本－

國分康孝監修　小林正幸・相川充編　　　　B5判 200頁　**本体2,700円**

友達づきあいのコツとルールを楽しく体験して身につける。わが国初めて、①小学校で身につけるべきソーシャルスキルを具体化、②学習の手順を段階化、③一斉指導で行う具体的な実践例、をまとめる。
●主要目次：ソーシャルスキル教育とは何か／学校での取り入れ方／基本ソーシャルスキル12／教科・領域に生かす実践集／治療的な活用

実践！ ソーシャルスキル教育［小学校］［中学校］
－対人関係能力を育てる授業の最前線－

佐藤正二・相川充編　　　　B5判 208頁　**本体各2,400円**

実践の事前，事後にソーシャルスキルにかかわる尺度を使用し，効果を検証。発達段階に応じた授業を，単元計画，指導案，ワークシートで詳しく解説。
●小学校主要目次：ソーシャルスキル教育の考え方／ソーシャルスキル教育のためのアセスメント／道徳の時間の実践／特別活動の時間の実践／自己表現力を伸ばす
●中学校主要目次：中学生のための基本ソーシャルスキル／ストレスの高い生徒への実践／進路指導での実践／LD・ADHDをもつ生徒への実践／適応指導教室での実践

育てるカウンセリング実践シリーズ②③
グループ体験によるタイプ別！学級育成プログラム［小学校編］［中学校編］
－ソーシャルスキルとエンカウンターの統合－

河村茂雄編著　　　　B5判 168頁　**本体各2,300円**

学校だからできる心の教育とは！ふれあいとルールを育て、教育力のある学級づくりをする。
★ソーシャルスキル尺度と学級満足度尺度Q-Uを使った確かなアセスメント。
●主要目次：心を育てる学級経営とは／基本エクササイズ／アレンジするための理論／学級育成プログラムの6事例

いま子どもたちに育てたい
学級ソーシャルスキル［小学・低学年］［小学・中学年］［小学・高学年］［中学校］
－人とかかわり，ともに生きるためのルールやマナー－

河村茂雄・品田笑子・藤村一夫・小野寺正己編著　　　　B5判 208〜224頁
本体各2,400円（中学校編 2,600円）

まとまりのある学級で使われているスキルはこれ！「みんなで決めたルールは守る」「親しくない人とでも区別なく班活動をする」など、社会参加の基礎となる人間関係の知識と技術を、毎日の学級生活で楽しく身につける！
●主要目次：学級ソーシャルスキルとは／学校生活のスキル／集団活動のスキル／友達関係のスキル

図書文化

※定価には別途消費税がかかります

シリーズ 教室で行う特別支援教育

個に応じた支援が必要な子どもたちの成長をたすけ，学校生活を楽しくする方法。
しかも，周りの子どもたちの学校生活も豊かになる方法。
シリーズ「**教室で行う特別支援教育**」は，そんな特別支援教育を提案していきます。

ここがポイント学級担任の特別支援教育

通常学級での特別支援教育では，個別指導と一斉指導の両立が難しい。担任にできる学級経営の工夫と，学校体制の充実について述べる。

河村茂雄 編著　　　B5判　本体2,200円

応用行動分析で特別支援教育が変わる

子どもの問題行動を減らすにはどうしたらよいか。一人一人の実態から具体的対応策をみつけるための方程式。学校現場に最適な支援の枠組み。

山本淳一・池田聡子 著　　B5判　本体2,400円

教室でできる 特別支援教育のアイデア 小学校編／小学校編Part2

通常学級の中でできるLD，ADHD，高機能自閉症などをもつ子どもへの支援。知りたい情報がすぐ手に取れ，イラストで支援の方法が一目で分かる。

月森久江 編集　　B5判　本体各2,400円

教室でできる 特別支援教育のアイデア 中学校編／中学校・高等学校編

中学校編では，授業でできる指導の工夫を教科別に収録。中学校・高等学校編では，より大人に近づいた生徒のために，就職や進学に役立つ支援を充実させました。

月森久江 編集　　B5判　本体各2,600円

通級指導教室と特別支援教室の指導のアイデア 小学校編

子どものつまずきに応じた学習指導と自立活動のアイデア。アセスメントと指導がセットだから，子どものどこを見て，何をすればよいか分かりやすい。

月森久江 編著　　B5判　本体2,400円

遊び活用型読み書き支援プログラム

ひらがな，漢字，説明文や物語文の読解まで，読み書きの基礎を網羅。楽しく集団で学習できる45の指導案。100枚以上の教材と学習支援ソフトがダウンロード可能。

小池敏英・雲井未歓 編著　　B5判　本体2,800円

人気の「ビジョントレーニング」関連書

学習や運動に困難を抱える子の個別指導に
学ぶことが大好きになるビジョントレーニング
北出勝也 著
Part 1　　B5判　本体2,400円
Part 2　　B5判　本体2,400円

クラスみんなで行うためのノウハウと実践例
クラスで楽しくビジョントレーニング
北出勝也 編著　　B5判　本体2,200円

K-ABCによる認知処理様式を生かした指導方略

長所活用型指導で子どもが変わる
藤田和弘 ほか編著
正編　特別支援学級・特別支援学校用　B5判　本体2,500円
Part 2　小学校 個別指導用　B5判　本体2,200円
Part 3　小学校中学年以上・中学校用　B5判　本体2,400円
Part 4　幼稚園・保育園・こども園用　B5判　本体2,400円
Part 5　思春期・青年期用　B5判　本体2,800円

図書文化

※本体価格には別途消費税がかかります

構成的グループエンカウンターの本

必読の基本図書

構成的グループエンカウンター事典
國分康孝・國分久子総編集　Ａ５判　本体6,000円＋税

教師のためのエンカウンター入門
片野智治著　Ａ５判　本体1,000円＋税

エンカウンターとは何か　教師が学校で生かすために
國分康孝ほか共著　Ｂ６判　本体1,600円＋税

エンカウンター スキルアップ　ホンネで語る「リーダーブック」
國分康孝ほか編　Ｂ６判　本体1,800円＋税

構成的グループ
エンカウンター事典

目的に応じたエンカウンターの活用

エンカウンターで保護者会が変わる　小学校編・中学校編
國分康孝・國分久子監修　Ｂ５判　本体 各2,200円＋税

エンカウンターで不登校対応が変わる
國分康孝・國分久子監修　Ｂ５判　本体2,400円＋税

エンカウンターでいじめ対応が変わる　教育相談と生徒指導のさらなる充実をめざして
國分康孝・國分久子監修　住本克彦編　Ｂ５判　本体2,400円＋税

エンカウンターで学級づくりスタートダッシュ　小学校編・中学校編
諸富祥彦ほか編著　Ｂ５判　本体 各2,300円＋税

エンカウンター　こんなときこうする！　小学校編・中学校編
諸富祥彦ほか編著　Ｂ５判　本体 各2,000円＋税　ヒントいっぱいの実践記録集

どんな学級にも使えるエンカウンター20選・中学校
國分康孝・國分久子監修　明里康弘著　Ｂ５判　本体2,000円＋税

どの先生もうまくいくエンカウンター20のコツ
國分康孝・國分久子監修　明里康弘著　Ａ５判　本体1,600円＋税

10分でできる　なかよしスキルタイム35
國分康孝・國分久子監修　水上和夫著　Ｂ５判　本体2,200円＋税

エンカウンターで保護者会が変わる
（小・中）

多彩なエクササイズ集

エンカウンターで学級が変わる　小学校編　中学校編　Part1～3
國分康孝監修　全3冊　Ｂ５判　本体 各2,500円＋税　　Part1のみ　本体 各2,233円＋税

エンカウンターで学級が変わる　高等学校編
國分康孝監修　Ｂ５判　本体2,800円＋税

エンカウンターで学級が変わる　ショートエクササイズ集　Part1～2
國分康孝監修　Ｂ５判　Part1：本体2,500円＋税　Part2：本体2,300円＋税

エンカウンターで学級が変わる
（小・中・高）

図書文化

河村茂雄の学級経営

● Q-U

学級づくりのためのQ-U入門
A5判 本体1,200円+税

Q-Uによる
特別支援教育を充実させる学級経営
B5判 本体2,200円+税

Q-Uによる　　小学校／中学校／高校
学級経営スーパーバイズ・ガイド
B5判 本体3,000~3,500円+税

● シリーズ事例に学ぶQ-U式学級集団づくりのエッセンス

集団の発達を促す学級経営
小学校(低／中／高)／中学校／高校
B5判 本体2,400~2,800円+税

実践「みんながリーダー」の学級集団づくり
小学校／中学校　　B5判 本体各2,400円+税

● 学習指導

授業づくりのゼロ段階
A5判 本体1,200円+税

授業スキル　　小学校編／中学校編
B5判 本体各2,300円+税

学級タイプ別 繰り返し学習のアイデア
小学校編／中学校編
B5判 本体各2,000円+税

● 学級集団づくり

学級集団づくりのゼロ段階
A5判 本体1,400円+税

学級リーダー育成のゼロ段階
A5判 本体1,400円+税

Q-U式学級づくり
小学校(低学年／中学年／高学年)／中学校
B5判 本体各2,000円+税

学級集団づくりエクササイズ
小学校編／中学校編
B5判 本体各2,400円+税

● 特別支援教育

ここがポイント
学級担任の特別支援教育
B5判 本体2,200円+税

特別支援教育を進める学校システム
B5判 本体2,000円+税

ワークシートによる
教室復帰エクササイズ
B5判 本体2,300円+税

● 学級経営の理論的構築

日本の学級集団と学級経営
A5判 本体2,400円+税

こうすれば学校教育の成果は上がる
A5判 本体1,000円+税

● ロングセラー

学級崩壊 予防・回復マニュアル
B5判 本体2,300円+税

タイプ別 学級育成プログラム
小学校／中学校　　B5判 本体各2,300円+税

学級ソーシャルスキル
小学校(低学年／中学年／高学年)／中学校
B5判 本体2,400円~2,600円+税

図書文化